ALINHAMENTO TOTAL

PREFÁCIO ESPECIAL À EDIÇÃO BRASILEIRA

DR. RIAZ KHADEM
LINDA J. KHADEM

ALINHAMENTO TOTAL

Como transformar visão em realidade e enriquecer a experiência gerencial

© 2013, Elsevier Editora Ltda.

Todos os direitos reservados e protegidos pela Lei nº 9.610, de 19/02/1998.
Nenhuma parte deste livro, sem autorização prévia por escrito da editora, poderá ser reproduzida ou transmitida sejam quais forem os meios empregados: eletrônicos, mecânicos, fotográficos, gravação ou quaisquer outros.

Copidesque: Shirley Lima da Silva Braz
Revisão: Tania Heglacy Moreira de Almeida
Editoração Eletrônica: Desenho Editorial

Elsevier Editora Ltda.
Conhecimento sem Fronteiras
Rua Sete de Setembro, 111 – 16º andar
20050-006 – Centro – Rio de Janeiro – RJ – Brasil

Rua Quintana, 753 – 8º andar
04569-011 – Brooklin – São Paulo – SP

Serviço de Atendimento ao Cliente
0800-0265340
sac@elsevier.com.br

ISBN 978-85-352-7113-3
ISBN Digital 978-85-352-7114-0

Nota: Muito zelo e técnica foram empregados na edição desta obra. No entanto, podem ocorrer erros de digitação, impressão ou dúvida conceitual. Em qualquer das hipóteses, solicitamos a comunicação ao nosso Serviço de Atendimento ao Cliente, para que possamos esclarecer ou encaminhar a questão.
Nem a editora nem o autor assumem qualquer responsabilidade por eventuais danos ou perdas a pessoas ou bens, originados do uso desta publicação.

CIP-BRASIL. CATALOGAÇÃO-NA-FONTE
SINDICATO NACIONAL DOS EDITORES DE LIVROS, RJ

K56a

Khadem, Riaz
Alinhamento total : como transformar visão em realidade e enriquecer a experiência gerencial / Riaz Khadem, Linda J. Khadem ; tradução Cristina Yamagami. - 1. ed. - Rio de Janeiro : Elsevier, 2013.
210 p. ; 23 cm

Tradução de: Total alignment
ISBN 978-85-352-7113-3

1. Empreendimentos. 2. Administração de empresas. 3. Negócios - Administração. 4. Sucesso nos negócios. I. Khadem, Linda J. II. Título.

13-02473

CDD: 658.406
CDU: 658.012.32

Na realidade, aos olhos dos homens de sabedoria, a agudeza de compreensão depende de uma visão aguda.

BAHÁ'U'LLÁH

SUMÁRIO

Prefácio IX
Introdução. XIII

Parte I – Alinhando a organização

1. Por que o alinhamento é necessário 3
2. Missão e visão 13
3. A árvore da visão 23
4. Estratégia 35
5. A árvore da estratégia 49
6. O mapa de alinhamento 59
7. Prestação de contas 69

Parte II – Reforçando o alinhamento

8. Um sistema para o alinhamento 95
9. Informações 99
10. Competência 113
11. Cultura 129
12. O processo de resultados da equipe 147
13. O processo de resultados verticais 161
14. Remuneração 173

Parte III – Alinhamento total

15. Reflexão................................. 181

16. Alinhamento total 193

Sobre edições anteriores de
Alinhamento Total.......................... 199
Sobre as edições anteriores de
Gerência de uma página 203
Agradecimentos 207
Serviços disponíveis........................ 209
Sobre os autores........................... 211

PREFÁCIO

Estamos muito empolgados com a introdução do Alinhamento Total no Brasil, um país que tem mostrado impressionante crescimento nos últimos anos e vibrante atividade econômica. Superar o Reino Unido para se tornar a sexta maior economia do mundo em 2011 foi um feito notável, que chamou a atenção do mundo. Entretanto, o PIB *per capita* continua bastante baixo e a diferença entre os ricos e os pobres, embora menor do que já foi, mantém-se em níveis alarmantes.

Olhando para o futuro, é possível ver que uma dupla oportunidade de acelerar o crescimento e aumentar o PIB *per capita* está ao alcance das mãos. Ambas as oportunidades dependem fortemente da *produtividade da mão de obra.*

Produzir mais itens e serviços com menos horas de trabalho requer investir em inovação tecnológica, métodos de produção, desenvolvimento das habilidades dos trabalhadores e muitas outras iniciativas de melhoria. Considerando que o PIB do Brasil é composto de 5,5% de atividade agrícola, 25,5% de atividade industrial e enormes 67% de serviços, fica claro que o setor de serviços, com seus batalhões de trabalhadores do conhecimento, merece a maior parte da atenção no que se refere a iniciativas para melhorar a produtividade. Nessa área, um alvo importante de melhoria da produtividade, até então em grande parte negligenciado, é a *produtividade da gestão.*

É nesse ponto que o Alinhamento Total no Brasil se torna especialmente relevante, apresentando o know-how necessário para aumentar em muito a produtividade da gestão. Além disso, o sistema mostra como o *indicador de produtividade* pode aumentar a produtividade ao assegurar uma experiência no trabalho significativa. Isso constitui um enorme contraste com a produtividade atingida por trabalhadores insatisfeitos, mesmo que trabalhem com eficiência.

Este livro ajudará a elevar a produtividade dos gestores – desde o supervisor até o CEO – concentrando-os em seu valor agregado distintivo e alinhando-os à intenção estratégica da organização. Nele, o gestor encontrará ferramentas para dotar seus subordinados diretos de empowerment, beneficiar-se do poder das equipes e alinhar as iniciativas de áreas diversas da organização para atingir uma visão unificada de sucesso. Ao mesmo tempo, o sistema proporciona confiança aos colaboradores, que passam a ser respeitados e dotados de empowerment. Com isso, eles se responsabilizam pelo próprio desenvolvimento e agem com senso de propósito.

Para melhorar a experiência dos gestores no trabalho, revolucionamos o modo como trabalham apresentando-lhes um novo modelo de gestão para orientar suas interações e atividades do dia a dia. Esse novo modelo substitui antigas práticas que, muitas vezes, inculcam medo e ansiedade na organização, priorizam os lucros às pessoas e privilegiam os ganhos dos acionistas à prosperidade social. O novo modelo promove ação e reflexão em todos os níveis, abre canais de criatividade e inovação e capacita todos os gestores a participar do processo de aprendizado. E, ainda por cima, recompensa a performance.

O que pode parecer surpreendente ao leitor familiarizado com as práticas de gestão existentes é que o novo modelo de gestão que apresentamos neste livro rende resultados melhores. Isso acontece porque o modelo possibilita que a organização melhore acentuadamente a produtividade da gestão, reduza a utilização ineficiente de recursos decorrente do desalinhamento, envolva a participação criativa de todos os gestores e colaboradores de linha de frente e os motive a concretizar uma visão compartilhada.

Apesar de os benefícios relacionados serem o resultado natural do processo de Alinhamento Total, eles não passam de subprodutos e não são sua principal justificativa, já que seu propósito fundamental é o *alinhamento*.

O alinhamento se faz ainda mais necessário quando grupos de pessoas trabalham juntos, e o alinhamento dos trabalhadores do conhecimento no setor de serviços é particularmente proveitoso. Muitas organizações, até organizações de sucesso, não chegam a atingir o nível ideal de alinhamento. Muitas organizações mostram graus extremos de desalinhamento, com pessoas inteligentes e bem-intencionadas meramente focadas nos próprios interesses ou não fazendo o necessário para implementar a estratégia da empresa, o que muitas vezes leva as ações a se neutralizarem umas às outras. O resultado é um desalinhamento com um custo elevadíssimo. Até um desalinhamento de 10% pode eliminar uma parcela expressiva dos lucros de uma empresa.

O alinhamento requer determinação por parte dos gestores decididos a levar a organização a novos patamares de realização. No entanto, a determinação, por si só, não basta. O que eles precisam é de uma ferramenta eficaz – uma ferramenta de liderança – para unir as pessoas da organização com base em uma visão e uma estratégia compartilhadas. Essa ferramenta é o Alinhamento Total.

INTRODUÇÃO

As empresas de sucesso estão sempre de olho em seu desempenho, mensurando-o por meio de centenas de indicadores-chave de desempenho, mapeando seu futuro com estratégias criativas e eficazes e jamais negligenciando questões relativas à inovação e à tecnologia. No entanto, uma área que muitas empresas deixam de valorizar é o *alinhamento*. Não que desconheçam o conceito – é mais uma questão de ainda não levarem o alinhamento em consideração. Elas ainda não estão cientes do poder inerente ao alinhamento e não percebem que podem encontrar no alinhamento a chave para acelerar seu progresso na concretização da visão e para impulsionar a produtividade.

Operar uma empresa que não está alinhada é como dirigir um carro com pneus desalinhados. Sim, ainda será possível avançar, mas de modo ineficiente e à custa de um grande desgaste do veículo ou da organização. O progresso será mais lento e a viagem será mais atribulada.

O que exatamente é o alinhamento? E como saber se sua empresa está alinhada ou não?

O alinhamento está presente quando as ações de todas as pessoas da organização sustentam diretamente a visão e a estratégia.

Como você pode dizer se sua empresa está alinhada ou não? Tente realizar o simples exercício descrito a seguir.

Pergunte a qualquer gestor e a um subordinado direto, separadamente, qual deve ser o foco prioritário do subordinado direto. Peça que eles distribuam 100 pontos entre as cinco principais responsabilidades do subordinado direto para indicar sua importância relativa. Você se surpreenderá com a variação das respostas.

E será que você deveria se preocupar com isso? Sem dúvida alguma. O sucesso da organização depende do que as pessoas fazem. As cinco áreas de foco e sua importância relativa determinam as prioridades de cada pessoa e orientam seu comportamento, e as respostas discrepantes indicam *desalinhamento* entre um nível da organização e o próximo. Se levarmos em consideração os milhares de gestores e as dezenas de níveis de algumas organizações, esse efeito combinado de desalinhamento resultará em enorme desperdício de recursos. A extensão do desalinhamento pode chegar a 50%, até em organizações de sucesso que gastaram milhões no desenvolvimento de recursos humanos ou em scorecards de negócios. O desalinhamento é bastante negligenciado por ser imperceptível. Ele não constitui um item na demonstração de lucros e perdas, embora represente enorme sangria de lucros.

Alinhamento total aborda essa importante questão, apresentando um processo inovador para alinhar a organização. Neste livro, apresentamos um sistema de conceitos e metodologias apoiado por um software que integra organicamente as funções estratégica, operacional, financeira e de recursos humanos de qualquer organização. Essa abordagem ímpar direciona sua atenção aos impulsionadores-chave da performance: as pessoas.

Em *Gerência de uma página*, livro que antecede a este, apresentamos um sistema para organizar informações em três relatórios customizados de uma página para cada gestor. Devido ao enorme feedback positivo que recebemos de leitores do mundo todo, decidimos manter o formato narrativo e a simplicidade do estilo ao escrever este livro, criando personagens e diálogos para transmitir melhor os conceitos.

Nossa abordagem é significativamente diferente da linha seguida por outros autores, e sua força está no nosso sucesso em campo. A linguagem que utilizamos em certos casos também difere da utilizada por outros autores. Por exemplo, no contexto da estratégia, usamos o termo "Fatores Críticos de Sucesso" no sentido de *indicadores de sucesso para um colaborador individual*. Essa terminologia foi apresentada na primeira edição de *Gerência de uma página* e mantida no presente livro. No contexto dos indicadores de desempenho, alguns autores consideraram necessário diferenciar os vários tipos de indicadores para assegurar os comportamentos certos na organização. Nós optamos por lidar com essa questão de outra maneira.

Nosso objetivo mais amplo foi aprimorar e simplificar as metodologias de prestação de contas e estratégia descritas na literatura gerencial; assegurar excelente execução por meio de um novo modelo de gestão; e promover a transformação cultural nas organizações. Nossa abordagem é uma alternativa às abordagens complexas e excessivamente trabalhosas que temos visto na literatura gerencial.

Esperamos que você aprecie a leitura e descubra o poder que esse sistema tem de levar sua organização a um nível completamente novo de eficiência.

RIAZ E LINDA KHADEM

PARTE 1

ALINHANDO A ORGANIZAÇÃO

CAPÍTULO 1

POR QUE O ALINHAMENTO É NECESSÁRIO

Brian Scott, CEO do XCorp Group, entrou em uma grande sala de conferência lotada em um hotel de Chicago e sentou-se na primeira fila. Ele fora convidado para proferir a palestra principal em função de seu sucesso na revitalização de uma empresa em dificuldades no ano anterior e sua recente aquisição de uma empresa de alta tecnologia para o XCorp Group.

Quando seu nome foi anunciado, ele caminhou até o pódio e observou a multidão. Deu uma olhada em suas anotações, passou os dedos pelos cabelos castanhos e confiante começou a fazer sua palestra. Brian falou sobre seu estilo de liderança como o CEO do XCorp Group. Ele apresentou sua visão para a organização, agora expandida, e suas previsões para as tendências do setor. Explicou por que a TechCorp, a empresa recém-adquirida, era perfeita para o XCorp Group. Seu objetivo com a palestra era transmitir aos acionistas e ao público toda a sua empolgação com a fusão e contagiá-los com seu entusiasmo.

Terminado a palestra, Brian abriu espaço para perguntas. Uma jovem que estava sentada na décima fileira elevou o braço e perguntou quais sinergias Brian esperava obter com aquele novo grupo de empresas através da crise atual que tem afetado profundamente os negócios em todo o mundo.

"Excelente pergunta", Brian respondeu. Era uma boa pergunta, mas Brian preferia não ter de respondê-la. A verdade era que ele ainda não tinha decidido como lidaria com as novas realidades econômicas às quais ela estava se referindo. Ele nem sabia ao certo como incorporaria os altos executivos da empresa recém--adquirida à equipe de liderança do Grupo ou como lidaria com culturas corporativas tão diferentes. E, com as inevitáveis demissões que se seguiriam, ele sabia que seria difícil alicerçar e manter o moral positivo.

Escolhendo com cuidado as palavras, Brian tentava transmitir otimismo quando seus olhos avistaram um rosto conhecido algumas fileiras atrás da mulher. Ele se espantou ao reconhecer o Infoman, o misterioso homem que, vários anos antes, o apresentara aos conceitos que foram essenciais para a revitalização da XCorp. Com uma pausa, tentou estabelecer contato visual com o Infoman, mas ele estava longe demais e o ofuscamento das luzes impossibilitava olhá-lo nos olhos.

Brian respondeu a outras perguntas e, quando acabou o tempo, desceu do palco e se pôs a abrir caminho pela multidão na esperança de cumprimentar o Infoman, que já tinha desaparecido. Brian cumprimentou alguns amigos e colegas e seguiu para sua suíte no andar executivo. Ao entrar no quarto, viu um envelope sobre a mesa. Dentro do envelope, havia um bilhete que dizia: "Parabéns e tudo de bom no desafio que o aguarda nestes tempos difíceis." Assinado, "O Infoman". Brian sorriu ao ler a mensagem. "Um desafio, sem dúvida", pensou ele. Nem se deu ao trabalho de procurar um endereço ou número de telefone no bilhete. Ele sabia que não encontraria. Aquele homem misterioso parecia ir e vir com o vento, mas de alguma forma sempre surgia em momentos oportunos. "Tomara que ele ligue hoje", pensou Brian. Mas a manhã chegou sem que o Infoman desse notícias.

* * *

Nos três meses seguintes, os desafios de Brian se evidenciaram. Apesar de ele e seu conselho de administração terem decidido manter o nome da marca TechCorp e vários dos principais players da nova empresa, a aquisição deixou os gestores inseguros. Com a perda de receita que vinha afetando o setor inteiro, as pessoas sabiam que haveria um número significativo de demissões e que seus empregos estavam em risco. Eles não sabiam ao certo onde concentrar suas energias.

Com a distração resultante dos sentimentos negativos e a falta de foco, ninguém notou até que ponto a qualidade do atendimento estava sendo prejudicada. Os clientes começaram a reclamar. Os concorrentes não demoraram a perceber oportunidades. Aproveitando-se da situação, eles reduziram acentuadamente os preços e conquistaram os dois maiores clientes da TechCorp.

* * *

Peter Bergman, CEO da TechCorp, não estava nem um pouco satisfeito com a aquisição. Peter e Brian se conheciam há muito tempo – na verdade, desde o ensino médio. Eles sempre competiram social e academicamente e Peter quase sempre ficava no segundo lugar, o que plantara as sementes do ressentimento.

Durante as negociações para a aquisição, Peter fez de tudo para impedir o acordo. Quando percebeu que não conseguiria, convenceu-se de que seria capaz de esquecer o passado e ver a aquisição como uma oportunidade para trabalhar com um antigo colega de turma. No entanto, assim que a TechCorp foi adquirida, a natureza competitiva e a insegurança de Peter tornaram difícil para ele se reportar a alguém, ainda mais se tratando de uma pessoa de quem, lá no fundo, ele se ressentia. O ressentimento continuou a crescer até se tornar insuportável e Peter pediu a demissão. Ao deixar a empresa, jurou se vingar de Brian e retomar o controle que acreditava lhe ter sido roubado.

Brian esperava que as dificuldades com Peter acabariam se arranjando e o pedido de demissão o pegou desprevenido. Infelizmente, a saída de Peter ainda coincidiu com relatos de que a TechCorp apresentava uma grave perda de receita.

Brian percebeu que precisava assumir o controle da situação e descobrir o que provocara a perda dos dois maiores clientes. Viajou para a matriz da TechCorp na Costa Oeste e passou dois dias entrevistando pessoas nas áreas de vendas, atendimento ao cliente, marketing, produção e sistemas de informação. Aos poucos, um padrão foi surgindo.

Apesar da estratégia clara desenvolvida nas reuniões de planejamento da TechCorp seis meses atrás, cada departamento continuou agindo de acordo com os próprios interesses. A estratégia da TechCorp consistia em desenvolver o negócio essencial, eliminando produtos não essenciais e alavancando a tecnologia como a vantagem competitiva da empresa. Para desenvolver agressivamente o negócio essencial, a estratégia incluía implementar um amplo sistema de software integrado.

O vice-presidente de vendas não concordava com a estratégia de eliminar produtos não essenciais por acreditar que eles ainda eram viáveis e lucrativos. Para provar seu argumento, orientou a força de vendas a continuar tentando vender os produtos não essenciais aos clientes existentes e se direcionar a novos clientes com esses produtos.

O vice-presidente de operações lutou para manter o antigo sistema de software, que implementara na empresa alguns anos antes. Ele resistiu passivamente ao novo software e não fez muito para apoiar os testes e sua implementação na empresa.

Os vendedores, ocupados tentando vender dois produtos não

essenciais, não dedicavam tempo suficiente aos clientes importantes. Eles não avisavam os clientes com antecedência sobre o cronograma de conversão do software e os clientes começaram a reclamar dizendo que o pessoal de vendas só pensava em dar desculpas em vez de oferecer soluções.

O pessoal de marketing promoveu antes do tempo uma imagem de qualidade e bom atendimento associada à implementação do software integrado e ficou na defensiva quando os clientes começaram a mostrar descontentamento.

Não foi por acaso que os maiores clientes decidiram sair em busca de fornecedores melhores! Quando Brian percebeu tudo isso, convocou uma reunião emergencial com os altos executivos da TechCorp. Voltando-se ao grupo, ele disse: "Acho que agora tenho uma boa noção de como nos enfiamos nesta situação. Não estou aqui para culpar qualquer departamento específico. Precisamos reconquistar esses clientes ou atrair outros clientes igualmente importantes. O ideal seria fazer os dois. Vocês têm uma semana para descobrir como fazer isso. Podem montar acampamento aqui ou ir a um local fora da empresa, mas espero que trabalhem dia e noite. Cancelem todo o resto. Suspendam outros projetos. Façam o que for preciso! Voltarei na semana que vem e espero que me apresentem um plano que faça sentido."

Os executivos da TechCorp ficaram abalados com as exigências de Brian. Eles abriram espaço em sua agenda e decidiram se entrincheirar na sala de reuniões e sobreviver à base de sanduíches enquanto se dedicavam à tarefa. Eles investigaram as razões da perda dos clientes. Em um quadro branco, os chefes de departamento relacionaram como cada equipe poderia ter agido de outra forma para ajudar a impedir a perda de vendas. Juntos, os executivos analisaram as necessidades dos clientes perdidos e decidiram o que poderiam fazer para reconquistá-los. No meio da semana, um plano começou a surgir. Depois eles testaram o plano questionando suas premissas e identificando pontos fracos. Com base nisso, eles alteraram o plano e o testaram novamente. No fim da semana, todos estavam convencidos de terem desenvolvido um plano coerente e praticamente infalível.

Quando Brian voltou à matriz da TechCorp na outra semana, notou imediatamente a animação da equipe. Eles estavam ansiosos para lhe mostrar como o problema poderia ser resolvido. Brian ficou impressionado com a criatividade do plano deles e aliviado ao ver que haviam conseguido lidar com todas as preocupações e questões que levantara. Ele se tranquilizou o suficiente com o progresso na TechCorp para voltar para casa.

Brian embarcou no avião naquela mesma noite e se acomodou em um confortável assento na primeira classe. Uma comissária de bordo sorridente o cumprimentou e lhe ofereceu uma bebida. Brian se parabenizou pelo sucesso da equipe da TechCorp na elaboração de um plano de ação eficaz e unificado. Era raro ver tamanha energia e determinação. Enquanto o avião decolava, ele se pôs a recapitular os eventos do dia. A aeronave não demorou a atingir a altitude de cruzeiro e Brian adormeceu. Meia hora depois, acordou, assustado. "A quem estou enganando?", perguntou-se. "Isso não passa de uma solução de curto prazo! O que garante que não voltaremos a ter o mesmo o problema? E, o mais importante, como poderei ter certeza de que a TechCorp conseguirá efetivamente se integrar ao XCorp Group? Vamos enfrentar grandes problemas culturais. Como poderemos mudar a cultura dessa nova empresa? Já tenho na cabeça a visão do nosso futuro, mas como concretizar essa visão?"

Enquanto o avião cruzava o céu escuro, a última coisa que Brian pensou antes de cair no sono novamente foi: "Onde está o Infoman quando preciso dele?"

Por que o alinhamento é necessário

* * *

No domingo seguinte, Brian estava em casa sentado à beira da piscina. O clima estava perfeito, mas Brian não estava conseguindo curtir o dia. Havia passado a última meia hora lendo as notícias financeiras em seu laptop e viu que a aquisição da TechCorp estava tendo impacto negativo sobre a imagem do XCorp. Ele se recostou na cadeira e fechou os olhos, pensando em alguns dos problemas que encontrara em sua visita à TechCorp.

Cinco minutos depois, Brian ouviu um toque anunciando a chegada de um novo e-mail. Olhou para a tela e lá estava, um e-mail do Infoman! "Olá, Brian", ele leu, espantado, "vejo que você está tendo dificuldades com a nova aquisição".

"Olá, Infoman", respondeu ele. "Não sei como você sempre aparece quando mais preciso! Sim, estamos diante de grandes problemas com nossa recém-adquirida empresa. Por sorte, consegui intervir a tempo e forçar os executivos a desenvolverem uma solução. Mas temo que isso não passará de uma solução de curto prazo. Que tal conversarmos a respeito em um bate-papo?"

"Claro", respondeu o Infoman, "podemos falar por vídeo. Qual é o seu nome de usuário para adicionar nos meus contatos?".

"O que você acha que causou a crise?", perguntou o Infoman alguns minutos depois.

"Eu poderia culpar a economia", respondeu Brian, "mas não é o caso. As minhas investigações apontam para três grandes problemas: os departamentos não estão executando as estratégias com as quais todos concordaram; eles não estão compartilhando informações relevantes; e não estão trabalhando juntos para superar os obstáculos", explicou ele.

"E, desses três grandes problemas que mencionou, qual você acha que é a causa fundamental?", perguntou o Infoman.

"Não sei ao certo... acho que a causa fundamental é a falta de colaboração", foi a resposta.

"É possível", conjecturou o Infoman, "mas, com base nas três causas que você mencionou, é mais provável que a sua causa fundamental seja as pessoas *não seguindo a estratégia combinada*. Se as ações de seu pessoal estiverem alinhadas à estratégia, será fácil garantir a colaboração. Lembre que a colaboração, por si só, nem sempre garante resultados".

"Acho que estou entendendo", comentou Brian, pensativo.

De repente, Brian ouviu um som atrás dele. Seu vizinho, Ben Walker, entrava pelo portão dos fundos. "Pronto?", perguntou Ben. "Já vou. Só um minuto."

"Preciso desligar agora, mas será que podemos continuar mais tarde? Que tal às 8 da noite?"

"Tudo bem. Até lá", disse o Infoman, despedindo-se. Brian se voltou para cumprimentar seu bom amigo.

"Não me diga que você está trabalhando no domingo!", exclamou Ben.

"Só tentando organizar umas ideias", respondeu Brian.

"Bom, e conseguiu?"

"Estou começando... mas ainda falta muito!"

"Bem, isso vai ter de esperar. Reservei a quadra para as 15 horas, então precisamos nos apressar!"

Brian correu para pegar sua raquete e um par de tênis e os dois amigos partiram juntos.

Algumas horas mais tarde, Brian voltou cansado porém contente. Eles tinham jantado no clube e Ben se encarregara da conta. Eles tinham um acordo: o vencedor ganha o jantar. Agora ele mal podia esperar para continuar a conversa com o Infoman.

Brian se acomodou na espreguiçadeira com uma caneca de café quente e abriu o laptop. Eram quase 20 horas. Eles se reconectaram alguns minutos mais tarde.

"Como foi o jogo?", perguntou o Infoman.

"Foi bom, pelo menos bom o suficiente para vencer Ben. Dois sets a um. Então acabei ganhando um jantar, mas não via a hora de voltar e continuar nossa conversa."

"Eu também", disse o Infoman. "Estive pensando sobre as causas das suas dificuldades na TechCorp. Na minha cabeça, *não seguir as estratégias combinadas* se traduz na necessidade de *alinhamento à estratégia*. Deixar de alinhar as iniciativas de todas as pessoas da organização às estratégias combinadas na verdade é um grande problema em muitas empresas."

"Então, qual é a solução? Como as organizações se certificam de que as ações das pessoas estão alinhadas à estratégia?"

"Boa pergunta. Não sei como elas se certificam, porque não é fácil fazer isso. Mas sei que muitas organizações têm se empenhado para atingir esse objetivo implementando um processo de alinhamento."

"Processo de alinhamento? O que é isso?"

"É um processo que permite alinhar sua organização. Ele inclui a elaboração de uma visão e estratégia compartilhadas, a elaboração de um mapa para o alinhamento, a determinação de scorecards individuais, a instalação de um software de monitoramento e a implementação de um novo modelo de gestão."

"O processo começa com a missão e a visão", prosseguiu o Infoman. "O XCorp Group já tem uma missão e uma visão?"

Brian parou para pensar. Cada uma das empresas do Grupo tinha sua declaração de missão e visão, mas, para o Grupo como um todo, ele tinha em mente uma orientação geral, mas ainda não a formalizara. Não, ele não tinha uma declaração de missão para o Grupo.

"Ainda não temos isso formalizado. Tenho uma visão na cabeça, e alguns planos para orientar as pessoas", respondeu Brian.

"Uma coisa que aprendi em meus vários anos de experiência trabalhando com corporações é que a visão precisa ser a visão *de todos*. Eu recomendaria reunir sua equipe em algum lugar fora do escritório e trabalhar com eles para criar uma missão para o Grupo e traduzir a visão que você tem em mente em uma declaração que seja compartilhada com todos."

"É uma boa sugestão", disse Brian. "Na verdade, já tínhamos planejado um retiro corporativo com algumas atividades, mas poderíamos ajustar a programação para incluir o processo de definição da visão. Vou lhe enviar algumas datas possíveis quando voltar ao escritório."

CAPÍTULO 2

MISSÃO E VISÃO

Um mês mais tarde, os altos executivos do XCorp se reuniram em um resort para uma sessão com o Infoman. Os participantes eram Shirin Chandra, vice-presidente de planejamento, Pat Brown, vice-presidente de TI, Ted Finley, o CFO, Gail Locke, a vice-presidente de RH e os CEOs das empresas do grupo: Wade Warner, CEO da XCorp US, Don Turner, CEO da Integrated Electronic Systems (IES), Rick Toner, CEO da Cellular, e Andrew Carlson, vice-presidente de vendas da TechCorp. Andrew representava a TechCorp porque a posição de CEO estava vaga.

A sala de conferência era espaçosa, com janelas amplas e uma vista espetacular para as montanhas. Brian cumprimentou calorosamente o grupo e explicou o propósito da sessão. "Estou certo de que essa fusão foi a decisão certa para todo mundo. Com isso, nossa organização ganhou uma grande força; temos grandes desafios pela frente. Ainda há pouco, vimos um desses desafios quando a TechCorp perdeu dois de seus clientes mais importantes. Isso causou um tremendo impacto negativo sobre nossos resultados financeiros e maculou a imagem de nosso Grupo no mercado de ações. Quando investigamos a verdadeira razão para esse problema inesperado, percebemos que a causa fundamental foi a falta de alinhamento dos vários departamentos à estratégia da TechCorp.

Agora estamos absorvendo as perdas e desenvolvemos um plano para reconquistar os clientes perdidos e conquistar novos clientes. Mas sei que os problemas da TechCorp podem voltar a atacar, inclusive, qualquer uma de nossas outras unidades de negócios. Acho que o que precisamos fazer neste ponto é alinhar nossa organização. Estamos aqui hoje para dar início a esse processo e, felizmente, temos um expert em alinhamento que poderá nos ajudar." Brian pediu que cada um se apresentasse e, feito isso, ele apresentou o Infoman a todos.

"Bom dia, pessoal!", o Infoman cumprimentou os participantes. "É uma grande satisfação participar desse importante processo e compartilhar com vocês o que aprendi sobre alinhamento trabalhando com muitas organizações ao longo dos anos. Descobrimos que o alinhamento começa com uma missão e uma visão compartilhadas na organização. Então, hoje proponho começar nossa conversa sobre a missão e a visão do XCorp Group. Brian tem uma excelente visão para o Grupo, mas não tem como liderar com eficiência sem que vocês compreendam essa visão e sem que se sintam donos dela e comprometidos com ela. Estou certo de que o resultado de nosso trabalho de hoje incluirá a visão de Brian e será muito melhor que a visão que ele tem em mente agora. Meu papel será facilitar o processo de criação dessa visão e alinhar o XCorp Group a ela."

Cada participante teve uma reação diferente à proposta do Infoman. Andrew Carlson não sabia o que pensar porque ainda estava chocado com o pedido de demissão de seu chefe, Peter Bergman. Rick Toner, CEO da Cellular, ficou em cima do muro, observando cautelosamente o processo. Shirin Chandra, Pat Brown, Wade Warner e Gail Locke ficaram empolgados para descobrir como esse processo de alinhamento funcionaria. Gail já tinha muitos anos na empresa e havia conquistado a confiança de Brian como vice-presidente de recursos humanos. Pat Brown se interessava em saber quais eram

Missão e visão

as necessidades de TI dos outros executivos presentes no encontro. Wade Warner era um CEO com bastante experiência operacional e fora recrutado para comandar a XCorp US quando Brian foi promovido à posição de CEO do Grupo. Também era um forte seguidor de Brian e participava da sessão com entusiasmo. Ted Finley e Don Turner, contudo, não mostravam interesse algum e só estavam lá porque não tiveram como escapar. Don chegava a se sentir um pouco incomodado. Desde que assumiu como CEO, sua empresa teve algum sucesso, mas não deixou uma grande marca. Ele havia lançado muitos produtos no mercado, mas nenhum foi inovador o suficiente para fazer uma grande diferença ou conquistar participação de mercado expressiva. Pouco tempo antes, fizera um breve curso em Harvard e voltara com muitas ideias para chacoalhar as coisas. O encontro com o Infoman lhe parecia redundante e ameaçava o reconhecimento que esperava conquistar de Brian.

O Infoman notou o ceticismo de alguns dos participantes e sentiu que não conseguiria convencer o grupo a participar e contribuir de maneira significativa sem antes criar um ambiente propício à *criatividade*, ao *pensamento estratégico* e à *união*.

Ao passar os olhos pela sala, viu comportamentos com os quais já estava acostumado ao trabalhar com outros grupos: laptops abertos, pessoas em conversas paralelas ou olhando fixamente para os celulares, como se a vida dependesse disso.

"É o meu trabalho criar um ambiente seguro para vocês se expressarem, serem ouvidos e respeitados", explicou o Infoman. "Gostaria que vocês me ajudassem nisso. Será que poderiam identificar os comportamentos que seriam necessários para criar um ambiente assim nesta reunião?"

Várias pessoas deram sugestões. Anotou as ideias no quadro, incentivando a participação. A lista foi crescendo à medida que, cada vez mais, as pessoas se sentiam à vontade.

A lista final incluiu os itens a seguir: *sem hierarquia, participação, não desprezar os outros, ouvir com atenção, ouvir de maneira positiva, falar com clareza, ser conciso, não interromper os outros, desligar o celular, fechar o laptop, só receber mensagens nos intervalos.* O Infoman disse que o grupo havia produzido uma boa lista, mas que gostaria de acrescentar um item e esperava que todos concordassem.

"O item é *desapego*", propôs ele. "Quer dizer que, quando vocês lançarem uma ideia ao grupo, devem tentar se desapegar dela. Uma vez que ela é lançada, pertence ao grupo e não é mais sua. Se alguém criticar a ideia, não é nada pessoal. É bom criticar ideias, mas não as pessoas. Se vocês se desapegarem, podem até se ver criticando a própria ideia durante a conversa. O *desapego* também significa que devem tentar esquecer os interesses pessoais. O que importa não é sua posição atual ou suas ambições pessoais, mas a empresa como um todo. Todos nós estamos aqui para trabalhar de acordo com os interesses do XCorp Group, e não com os interesses de nossas posições individuais. O apego às próprias ideias pode tornar-se uma forma de autopromoção, impedindo-nos de visualizar as oportunidades."

Rick Toner, CEO da Cellular, concordou em silêncio. Ele via sentido no que o Infoman estava fazendo. Rick era um executivo com histórico operacional impressionante. Ele conseguiu tirar sua empresa do vermelho em seis meses depois de assumir o comando. Seu maior ponto forte era uma boa visão e a capacidade de se antecipar às tendências do mercado. Rick não gostava de testemunhar atritos entre Brian e Peter e se incomodava com o apego deles a seus pontos de vista pessoais. Ele gostou do conceito de desapego.

Don Turner, por sua vez, sentiu-se ofendido com a lista que estava sendo elaborada e teve vontade de dizer alguma coisa para menosprezar o Infoman, mas decidiu esperar uma oportunidade.

Andrew, o executivo que representava a TechCorp, parecia cauteloso. Embora achasse que tudo aquilo fazia sentido, não estava contente com os acontecimentos que levaram a TechCorp à sua situação atual. Ele temia que a TechCorp fosse marginalizada durante a sessão e sabia que seria difícil desapegar-se da própria posição. Seu desconforto foi reforçado por seu ressentimento à presença e à influência de Shirin Chandra, vice-presidente de planejamento. Ele a achava jovem demais para receber tanta autoridade.

No entanto, ela parecia não perceber a atitude dele. Shirin tinha uma formação acadêmica impressionante e sabia que sua opinião era valorizada por Brian. Ela se sentia entusiasmada e confiante com a reunião.

O Infoman perguntou ao grupo se eles haviam entendido e se aceitavam os conceitos explicados. Ninguém discordou abertamente, mas, intimamente, Ted achava tudo aquilo uma grande bobagem.

O Infoman acrescentou *desapego* à lista que haviam elaborado durante a sessão de brainstorming e passou a se referir à lista como as *regras básicas* para a reunião. Ele encorajou todas as pessoas a seguirem as regras. Uma pessoa leu as regras básicas em voz alta e todos desligaram o celular e fecharam o laptop. O Infoman pediu que alguém se apresentasse como voluntário para lembrar ao grupo quando se desviassem das regras.

Ted Finley, um dos dois negativistas do grupo, ficou irritado ao ver tantos altos executivos desperdiçando tanto tempo no que considerava uma "baboseira". Ted era do tipo que focava nos resultados financeiros e só se interessava em projetos que, em sua opinião, tinham relação direta com os lucros do grupo. Ele levantou a mão e disse: "Sei que adotamos essas 'regras básicas', como você as chama, mas, quando você diz 'sem hierarquia', quer dizer que todos nós temos o mesmo peso na tomada de decisões estratégicas? Se for esse o caso, este exercício é uma perda de tempo, porque Brian está no comando e é quem decidirá depois dessa conversa toda."

"Bom argumento", disse o Infoman. "Concordo com você que a estratégia é uma decisão do CEO, mas é uma 'decisão consultiva'. Isso quer dizer que o CEO deve consultar sua equipe, ouvir suas opiniões e sugestões e só depois tomar a decisão. Nesta seção, Brian vai coletar as opiniões e sugestões de vocês para poder tomar a melhor decisão. Mas, se vocês se restringirem à hierarquia, não se expressarão plenamente, e suas opiniões e recomendações terão menos valor. É por isso que nosso encontro hoje é importante, e não uma perda de tempo."

O Infoman prosseguiu: "Existem três outros tipos de decisão que os líderes podem tomar. Uma 'decisão de comando' é uma decisão que um líder toma sem ouvir ninguém. Uma 'decisão participativa' é quando a decisão final é tomada pelo grupo. Uma 'decisão delegada' é aquela que o líder não toma porque já delegou a questão a outra pessoa. Um líder deve decidir que tipo de decisão é mais apropriado para cada situação. A missão e a visão são decisões consultivas dos donos do negócio porque a decisão envolve investimento. E eu concordo com Ted que a estratégia é uma decisão consultiva do CEO. Então, nesta sessão, o que faremos é dar opiniões e sugestões para ajudá-lo a tomar a decisão."

Dito isso, passaram ao primeiro tópico do retiro: *criar uma missão para o XCorp*. O Infoman observou a importância de a organização ter uma missão clara e inspiradora. "A missão", explicou ele, "é a razão da existência do grupo. Que valor vocês pretendem agregar e no qual valeria a pena investir todo o tempo, energia e sacrifício? Essa missão não apenas será uma referência que os orientará em seu processo estratégico, como também servirá para energizar sua força de trabalho em todos os níveis".

O Infoman dividiu os participantes em grupos e pediu que fizessem um brainstorming e anotassem a missão do XCorp Group.

Passados 45 minutos, os grupos voltaram para falar sobre os resultados do exercício. Cada grupo apresentou seu esboço e ficou claro que haviam elaborado três declarações de missão diferentes. Não foi surpresa alguma que cada CEO tivesse visto a missão do Grupo como uma extensão da missão da própria empresa. No entanto, apesar das diferenças, as três descrições continham uma essência valiosa.

O Infoman encorajou uma discussão aberta e franca de cada uma das declarações para garantir que fossem compreendidas pelo grupo todo. Com as discussões, surgiu um consenso que incorporava os conceitos mais valiosos de cada grupo. Todos gostaram da nova declaração de missão.

> **Missão do XCorp Group**
> *Nossa missão é facilitar a comunicação instantânea, de alta qualidade e a preços acessíveis entre pessoas de todo o planeta, utilizando soluções que incorporam uma tecnologia de ponta.*

O grupo parou para o almoço, um delicioso bufê servido a céu aberto, no terraço. As pessoas se viram sentadas ao lado de membros da equipe corporativa com os quais nunca haviam tido a chance de conversar muito. Os executivos se envolveram em uma discussão animada refletindo os tópicos abordados na sessão até então.

De volta à sala de reunião, foram solicitados a se distanciar das operações atuais e voltar o olhar para o futuro.

"Imagine uma foto do sucesso do XCorp Group daqui a cinco anos. Como seria essa foto?", indagou o Infoman. "O que estou propondo é que vocês visualizem as possibilidades para essa organização nos próximos anos, plenamente confiantes de que as possibilidades existem e que são abundantes. Pensem na missão que já determinamos, nas tendências econômicas e de mercado e no fortalecimento potencial dos concorrentes existentes ou no surgimento de novos concorrentes. Quais possibilidades vocês veem para o XCorp Group?" Com isso, ele dividiu as pessoas em grupos diferentes e as encorajou a trabalhar juntas, sempre seguindo as regras básicas.

Os participantes se puseram a trabalhar. Eles analisaram os dados que já haviam sido preparados e identificaram as necessidades gerais do mercado para os produtos e serviços que sustentavam sua missão, bem como possíveis contribuições do XCorp Group no intervalo de tempo proposto. O Infoman circulou entre os grupos, ouvindo as conversas, parando para fazer um comentário aqui e ali e oferecer um eventual encorajamento. Cada grupo foi terminando de esboçar o que considerava uma visão desafiadora para o XCorp Group.

Enquanto cada grupo apresentava sua visão aos outros, um alto nível de energia encheu a sala. Cada conceito apresentado levava a uma animada discussão entre os participantes. Alguns conceitos se desviavam da missão e tiveram de ser descartados. Outros pareciam idealistas demais e foram ajustados. A essência das ideias dos diferentes grupos foi enriquecida pela participação de todos os membros e levou a uma declaração que agradou a todos.

> ### Visão do XCorp Group
> *Nossa visão é nos tornar uma das 10 melhores empresas de comunicação do mundo. Iremos nos diferenciar dos concorrentes por meio da qualidade excepcional de nosso atendimento ao cliente, da nossa eficiência operacional, da nossa liderança em tecnologia, do excelente tratamento de nossos funcionários, do grande valor proporcionado aos nossos clientes e acionistas e das nossas contribuições para a comunidade.*

O Infoman cumprimentou o grupo pela união que havia conseguido atingir na formulação de uma visão compartilhada desafiadora. Brian olhou para o relógio. Eram 17h30. Ele consultou o Infoman e decidiram liberar o grupo.

"Vamos terminar um pouco mais cedo hoje", anunciou ele, "e estou certo de que todo mundo poderá usar o tempo livre para colo-

Missão e visão

car os e-mails em dia ou checar as mensagens telefônicas. Amanhã o dia será puxado e começaremos às 8 horas, então tenham uma boa noite. Eu os verei amanhã cedinho".

Brian subiu para o quarto, sentindo-se muito bem. Ele começou a andar de um lado para outro, repassando os eventos do dia. Ele não queria ver e-mails nem se expor a outros fatores estressantes que poderiam destruir seu bom humor. Ele ligou o celular e viu que sua esposa, Jennifer, tinha ligado duas vezes, o que não era comum, e ficou preocupado. Ele retornou imediatamente a ligação.

"Oi, Jen, tudo bem? Como vão as coisas? Tania está bem?"

"Oi, Brian", respondeu ela. Jennifer era uma mulher amável e confiante. "Eu só queria saber sua opinião. Tive um dia esquisito. Lembra que eu fiquei em casa hoje porque Tania estava com febre? Bom, ela está melhor, então não se preocupe."

"Que alívio! Bom saber!", disse ele. "Mas parece que tem alguma coisa errada porque você me ligou mais de uma vez. Aconteceu alguma coisa?"

"Nada importante. É que andei recebendo uns telefonemas estranhos. A mesma pessoa ligou três vezes. Ela pergunta por você e, quando digo que você não está em casa, a pessoa diz 'Eu sei' e desliga. Está começando a ficar bizarro. Você tem ideia de quem pode ser?"

"Não faço nenhuma ideia! E se você deixar a secretária eletrônica atender? Quem sabe ele não entende a indireta e nos deixa em paz? Vou deixar o celular ligado o resto da noite, me ligue a qualquer hora. Só estamos a um telefonema de distância!"

Continuaram conversando e se despediram. Brian passou alguns minutos olhando pela janela perdido em seus pensamentos e bastante preocupado.

Ele decidiu ir ao restaurante do hotel. "Talvez eu consiga encontrar o Infoman para um drinque", pensou ele.

CAPÍTULO 3

A ÁRVORE DA VISÃO

G ail Locke estava um pouco atrasada. Ela havia decidido acordar mais cedo para nadar um pouco e foi ótimo. Mas agora via que tinha duas opções: aparecer com os cabelos molhados ou se atrasar. "Tudo bem que estamos num resort, mas pode ser um pouco casual demais chegar com os cabelos molhados", pensou ela. "Brian não achará que estou desrespeitando o processo se eu me atrasar uns cinco minutos."

Ela queria muito participar do retiro; trabalhar na cidade acabou sendo um pouco demais para ela. Gail nasceu no estado do Colorado e amava as paisagens naturais e as montanhas. Também estava acostumada a passar muito mais tempo em atividades ao ar livre do que tinha a oportunidade de fazer agora. Mas o emprego foi ficando cada vez mais exaustivo à medida que subia na empresa. Admirava muito Brian, interessava-se muito pelo novo processo no qual eles estavam trabalhando e estava muito contente de poder participar.

Gail entrou na sala tentando não chamar a atenção e ficou aliviada ao perceber que o Infoman acabara de dar início à sessão.

"Ontem vocês criaram uma visão compartilhada e empolgante. Mas ela precisa ser muito mais específica se realmente quisermos transformá-la em realidade. Precisamos pensar na visão em termos mensuráveis. Por quê? Bom, *se vocês puderem mensurar sua visão, podem moni-*

torar o progresso na concretização dessa visão. Na verdade, mensurar a visão significa mensurar cada um de seus *elementos.* Então, para começar, identificaremos esses elementos e depois, para cada um deles, decidiremos uma maneira de mensurar o progresso em seu atingimento. Faremos isso usando uma ferramenta que chamamos de Árvore da Visão. Vamos criar essa árvore juntos nesta manhã. Os ramos e sub-ramos da árvore serão indicadores do progresso na concretização da visão."

"Agora vamos dar uma olhada na visão que vocês elaboraram e identificar os elementos." O Infoman apontou para a tela na qual a visão do XCorp Group foi projetada.

Brian leu a visão em voz alta para o grupo. Em seguida, comentou: "Parece que a primeira frase, 'nos tornar uma das 10 melhores empresas de comunicação do mundo', é bastante ampla. Você acha que precisaríamos especificá-la um pouco mais?"

"Sim, sem dúvida", respondeu o Infoman. "Quais seriam alguns elementos desse conceito?"

"O tamanho da empresa!", sugeriu Don.

Brian concordou: "Esse, sem dúvida, é um elemento-chave da visão."

"Tudo bem, o que mais indicaria que vocês são uma das 10 melhores empresas de comunicação, não apenas nos Estados Unidos, mas no mundo?", perguntou o Infoman.

"Acho que a participação de mercado seria um elemento importante", sugeriu Brian. O Infoman escreveu "participação de mercado" no quadro branco. "O que mais?"

"Acho que precisaríamos incluir algo sobre reconhecimento de marca ou reconhecimento de nome. Que tal a imagem do grupo? Faz sentido?", comentou Shirin.

"Não acho que a imagem seja muito relevante", respondeu Ted. "Acho que é possível ser uma das 10 melhores sem ter uma excelente imagem."

"É verdade", disse Brian, "mas queremos ter a melhor imagem. Isso faz parte da visão do que queremos atingir".

O Infoman escreveu "imagem" no quadro. "Algum outro elemento para estar entre as 10 melhores empresas?", perguntou ele.

"Precisamos expandir nossa cobertura internacionalmente", sugeriu Wade. "Não dá para ser uma empresa global com operações em apenas alguns poucos países. Proponho incluir algo como localização expandida, ou áreas cobertas no mundo."

"Que tal 'cobertura', será que isso transmite bem sua ideia?", perguntou o Infoman. Brian e Wade concordaram. O Infoman acrescentou a palavra ao quadro.

"Mais alguma coisa?"

"Precisamos de algo que mostrasse que somos criativos e inovadores", observou Gail. "Não dá para crescer tanto em tamanho e importância sem criatividade. Que tal 'inovação'?"

Ted discordou. "Esse é outro conceito abstrato", disse ele. "Sei que a inovação é importante, mas o que queremos são bons números, e não uma coisa que não temos como mensurar."

"Acho que a criatividade é fundamental para conquistar maior participação de mercado", opinou Rick. "Precisamos encontrar um jeito de mensurar isso. Sem inovação, seremos deixados para trás."

"Concordo com Rick", interferiu Brian. "Vamos incluir 'inovação' e depois veremos como mensurá-la."

Don sentiu-se incomodado. A inovação não era um ponto forte da empresa dele. Ele sabia que teriam de se empenhar muito para lançar novos produtos de sucesso no mercado.

O Infoman anotou "inovação" no quadro.

"Estou bastante satisfeito com essa lista de conceitos-chave. E vocês?", perguntou Brian.

Os outros ficaram pensativos. Rick voltou a falar: "Olhando a declaração de visão como um todo, acho que deixamos passar um elemento importante: 'eficiência operacional'. Em outras palavras, superar os benchmarks."

"Tem razão, vamos incluir isso também", anuiu Brian.

E continuaram analisando a declaração de visão e concordaram com alguns elementos adicionais. O Infoman os anotou no quadro branco e a lista final ficou assim:

1. TAMANHO DO XCORP GROUP
2. PARTICIPAÇÃO DE MERCADO
3. IMAGEM
4. COBERTURA
5. INOVAÇÃO
6. EFICIÊNCIA OPERACIONAL
7. ATENDIMENTO EXCEPCIONAL AO CLIENTE
8. LIDERANÇA EM TECNOLOGIA
9. EXCELENTE TRATAMENTO DOS FUNCIONÁRIOS
10. EXCELENTE VALOR PARA OS CLIENTES
11. EXCELENTE VALOR PARA OS ACIONISTAS
12. RESPONSABILIDADE SOCIAL

Com isso, o Infoman disse: "Ótimo, agora podemos começar a criar nossa árvore." Ele pediu que seu assistente Tom Jergens mostrasse os elementos identificados como os ramos principais da Árvore da Visão. Tom projetou na tela a árvore que estavam criando.

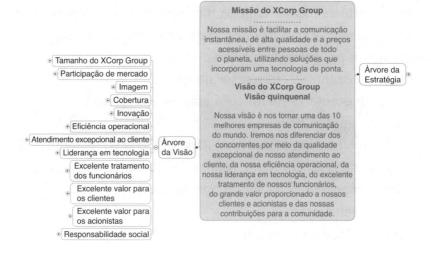

"Agora vamos analisar cada elemento da visão e ver se ele pode ser mensurado com um único indicador ou se precisaremos de vários indicadores e se será necessário segmentar ainda mais alguns indicadores."

"Podemos começar com o *valor para os acionistas*?", perguntou Ted, impaciente.

"Claro", respondeu o Infoman. "Será que 'excelente valor para os acionistas' pode ser mensurado por um único indicador ou serão necessários vários indicadores?"

"Acho que precisaremos de mais de um indicador", disse Ted.

"E quais seriam os indicadores?", indagou o Infoman.

"Na verdade, dois indicadores, o *valor econômico agregado*, ou EVA, e o *valor de mercado agregado* ou MVA", respondeu Ted.

A isso, seguiu-se uma discussão sobre o significado de EVA e MVA. Ted explicou que o EVA é mensurado por lucros após os impostos menos o custo do capital, e que o MVA mensura a diferença entre o valor de mercado de uma empresa e o capital contribuído pelos investidores (tanto portadores de ações quanto portadores de títulos). O grupo decidiu que os dois indicadores eram apropriados para se mensurar o conceito.

"Alguém tem algo a acrescentar?", perguntou o Infoman.

Ted voltou a falar: "Na verdade, acho que também precisaríamos acrescentar o *ganho por ação, ou EPS*."

"Boa ideia", comentou o Infoman.

Ted estava começando a se sentir mais à vontade com o processo. Agora ele sentia que o Infoman entendia seu ponto de vista e que ele também estava impressionando Brian.

"Tudo bem, agora parece que podemos prosseguir", disse o Infoman. "Vamos dar uma olhada na Árvore da Visão que criamos até agora."

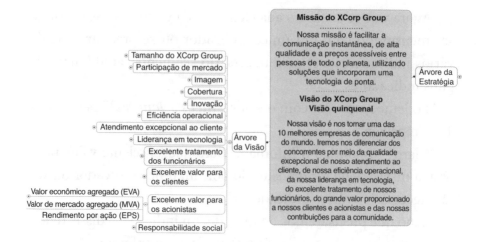

"Tenho uma pergunta", disse Shirin. "Será que o indicador EVA não deveria ser segmentado em subindicadores? Posso pensar em vários subindicadores que levam ao EVA."

"Tem razão, Shirin. Podemos incluir agora os subindicadores mais claros na árvore, mas vamos deixar os detalhes para mais tarde", propôs o Infoman.

O grupo avaliou cada ramo e segmentou vários elementos em sub-ramos, determinando subindicadores para cada um deles. Quando terminaram, a Árvore da Visão ficou assim:

A árvore da visão

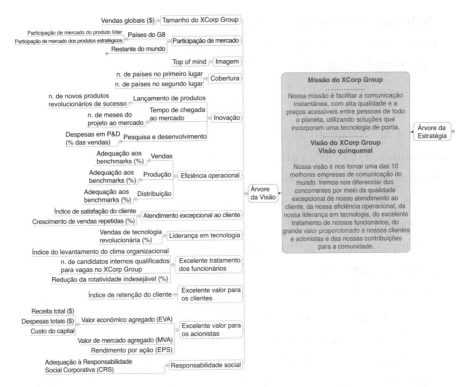

"Acho que é um excelente começo!", comentou o Infoman. "Fizemos um grande progresso, mas provavelmente ainda temos muitos outros subindicadores para identificar. Não teremos tempo para identificar todos eles nesta seção, então sugiro que Brian monte uma equipe para fazer isso como lição de casa. Essa equipe, que vocês podem chamar de 'equipe da visão', também poderia trabalhar com dados e metas. O resultado do trabalho dessa equipe precisará ser avaliado pelo grupo presente neste encontro para ajustes finais e validação."

O Infoman prosseguiu: "Estarei à disposição para me encontrar com a equipe depois deste retiro e ajudá-los na tarefa de preparar a Árvore da Visão para a aprovação final deste grupo."

Brian ficou impressionado com o nível de clareza que a Árvore da Visão proporcionava à visão do XCorp. Agradeceu ao Infoman e pediu que Shirin e duas outras pessoas constituíssem a equipe da visão para concluir o trabalho na Árvore da Visão.

O grupo foi almoçar sabendo que a manhã fora bastante produtiva.

* * *

Uma atividade ao ar livre havia sido programada para depois do almoço. Das várias alternativas, o grupo escolheu praticar rafting nas corredeiras do rio próximo ao hotel. Os executivos trocaram de roupa e caminharam pela trilha até o rio. Só algumas poucas pessoas do grupo tinham alguma experiência em rafting. Brian e o Infoman caminharam conversando na frente do grupo, seguidos pelos outros, em grupos de dois ou três. Quando chegaram, dois botes infláveis os esperavam na beira do rio. Eles se dividiram em dois grupos e embarcaram nos botes. Um guia acompanhou cada grupo para dar orientações e instruções.

Os botes infláveis partiram e logo foram pegos pela correnteza. Devido às chuvas recentes, o nível do rio estava bastante alto e a água corria rapidamente. Os participantes ficaram eletrizados pela empolgação ao sentir o vapor gelado que subia com o impacto dos botes contra a água.

De repente, os botes chegaram a uma bifurcação. Os guias se surpreenderam ao ver que o curso d'água secundário que tinham escolhido estava bloqueado por uma grande árvore caída. Diante disso, foram forçados a permanecer no rio principal, muito mais perigoso devido à força da correnteza e à falta de experiência dos participantes. O guia gritou "Segurem-se!" enquanto os botes aceleravam na direção de uma pequena queda d'água. Na descida, Shirin foi pega desprevenida e foi jogada para fora do bote. Ela bateu com a cabeça em uma rocha e perdeu a consciência, sendo levada rapidamente rio abaixo. Shirin usava um colete salva-vidas, mas ainda estava claramente em perigo.

A árvore da visão

Sem hesitar, Andrew mergulhou na água para salvá-la. Com esforço, o guia tentou aproximar o bote de Shirin, mas as águas estavam rápidas demais e ele não conseguia controlar o bote. Com o celular, ligou para pedir ajuda.

Andrew nadou com toda a força na direção do corpo inconsciente de Shirin. Ele tentava avançar, apesar da forte corrente que insistia em levá-lo para outro lado. Ele estava se cansando e pensou em desistir, mas viu que o braço de Shirin ficara preso no galho de uma árvore e percebeu que tinha uma chance de alcançá-la. Sua força de vontade foi recompensada quando finalmente a alcançou. Tentou acordar Shirin e, quando ela reagiu languidamente, sentiu-se aliviado ao constatar que estava viva. E ficou com ela até a ajuda chegar.

Meia hora depois, os guardas florestais chegaram de helicóptero e levaram Shirin até um hospital das redondezas. Depois de examiná-la, os médicos constataram que ela teve uma leve concussão e precisaria passar a noite no hospital, em observação.

De volta ao hotel, todos parabenizaram Andrew pela coragem. Aos poucos, os participantes do retiro começaram a voltar para a cidade. Andrew decidiu passar mais uma noite no hotel para se certificar de que Shirin chegasse bem em casa no dia seguinte. Ele estava sinceramente preocupado com Shirin e ficou envergonhado quando se lembrou de sua atitude negativa inicial em relação a ela.

Brian ficou satisfeito com os resultados do encontro. Apesar de se preocupar com o acidente de Shirin, o retiro foi um sucesso e até superou suas expectativas. Sentia que sua equipe estava mais unida e que os participantes também se responsabilizavam pela visão do grupo. Agora tinham uma declaração de missão e visão que empolgava a todos, além de terem aprendido como identificar indicadores alinhados à visão e à estratégia. Ele voltou para a cidade com o Infoman, conversando animadamente.

Alinhamento Total

* * *

Peter Bergman estava assistindo à televisão quando o telefone tocou. Era um velho amigo, Andrew Carlson, ligando para contar sobre o retiro.

"Ei, você não vai adivinhar. Tivemos uma excelente sessão no retiro, a melhor que já vi em toda a minha vida profissional. Estou muito esperançoso com o futuro da TechCorp", contou Andrew, entusiasmado.

Peter se sentiu derrotado com a novidade. Ele esperava que sua saída causasse sérios problemas à empresa e contribuísse para o rebaixamento de Brian e sua eventual demissão. Lutando para controlar suas emoções, Peter perguntou: "O que aconteceu de tão ótimo nesse encontro?"

"Tinha um camarada lá chamado 'O Infoman', acredite se quiser. Sei que parece estranho. Mas ele ajudou muito. Ele apresentou algumas ideias novas e analisamos nossa visão de uma perspectiva completamente nova. Foi incrível ver como todo mundo estava participando. Os resultados foram empolgantes!"

"O Infoman! Você deve estar de brincadeira. De que buraco ele saiu?", zombou Peter.

"Boa pergunta. É meio que um mistério. Parece que ajudou Brian no passado, quando Brian entrou como CEO da XCorp, antes de formarem o Grupo."

Peter não queria saber. "Andrew, nós construímos a TechCorp juntos. Você não se incomoda de ver Brian destruir a empresa?"

"Não acho que seja o caso. Na verdade, a TechCorp está se fortalecendo. Pela primeira vez acho que essa fusão ajudará nossa empresa."

Peter escutou frustrado e cada vez mais furioso. Ele não gostava de ouvir sobre o sucesso de Brian. Também sentia que estava perdendo a lealdade de seu velho amigo. Estava claro que a experiência da elaboração da visão havia colocado Andrew no lado de Brian. Mas percebeu que precisaria soar positivo, para não distanciar Andrew ainda mais.

"Que bom saber que vocês tiveram uma experiência tão boa", Peter observou, relutante. "Mantenha-me informado, e vamos jogar golfe um dia desses."

CAPÍTULO 4

ESTRATÉGIA

O s executivos do XCorp voltaram a se reunir um mês depois para o segundo encontro fora do escritório. Dessa vez, o retiro seria conduzido no Marriott Hotel, no centro de Manhattan. Na véspera do encontro, o Infoman e Brian se falaram ao telefone, e concordaram que o foco do encontro seria traçar uma estratégia para o Grupo transformar a visão em realidade. Os executivos foram chegando ao longo da tarde. O encontro estava programado para começar depois do jantar, com uma avaliação inicial da Árvore da Visão. Várias pessoas se encontraram para jantar no restaurante do hotel.

Em uma mesa, Shirin, Rick, Don e Ted conversavam animadamente.

"Então, como vocês acham que nossa estratégia poderia ser criativa e inigualável?", Shirin perguntou ao pequeno grupo.

"Vencer a concorrência nos benchmarks, realizando atividades similares de um jeito melhor", sugeriu Rick.

"Você está falando de eficiência operacional, não é?", perguntou Shirin. "Isso é indispensável, mas será o suficiente?"

"Não, porque os concorrentes também melhoram continuamente a eficiência operacional deles", observou Don.

"Justamente", concordou Shirin. "Isso expande as fronteiras. Vencer os nossos concorrentes nos benchmarks nos forçaria a nos empenhar cada vez mais, entrando em uma corrida sem-fim em que ninguém sai vitorioso."

"Então, qual vocês acham que é a resposta?", indagou Rick.

"Acho que, à medida que a eficiência melhora, a diferenciação passa a ser a chave", propôs Don.

"Que tal incluir ofertas dos concorrentes ao nosso mix de produtos para aumentar nossa participação de mercado?", sugeriu Ted.

"Isso não é apenas copiar os concorrentes?", comentou Don.

"Embora copiar se faça necessário em alguns casos, isso pode nos causar grandes problemas e gerar perdas", observou Shirin.

"Terceirização e parcerias", propôs Rick.

"Não é o que nossos concorrentes estão fazendo?", inquiriu Don.

"Ser flexível e reagir rapidamente às mudanças no mercado", sugeriu Shirin. "O que você acha, Andrew? Ei, cadê o Andrew?"

Naquele momento, Andrew entrou no restaurante, viu a mesa onde estavam todos sentados e se aproximou, apressado. Ele se sentou e imediatamente questionou: "Alguém viu o Brian?"

"Não, ele provavelmente está conversando com o Infoman em algum lugar, preparando-se para a sessão."

"Olhe para trás. O Infoman está naquela mesa sozinho trabalhando no laptop", disse Andrew, sem fôlego.

Todos esquadrinharam com os olhos o amplo restaurante. Eles viram o Infoman, mas não Brian.

"Bom, para dizer a verdade, estou preocupado porque acho que alguma coisa pode ter acontecido com Brian", prosseguiu Andrew.

"Por quê? Como assim?", exclamou Don.

"Bom, cadê ele? Por que não está aqui? Eu tinha uma reunião com ele agendada às 16 horas de hoje neste hotel e ele não apareceu. Liguei para o escritório dele e a assistente disse que ele saiu do escritório depois do almoço. Tentei o celular dele e está desligado; me informei na recepção e ele ainda não fez o check-in. Estou preocupado."

"E por que diabos você não disse nada antes?", exclamou Don. "São 19 horas! Nossa sessão está programada para começar em meia hora! Você acha que deveríamos começar a ligar para os hospitais ou algo assim?"

"Sobre o que vocês estão falando?", indagou Shirin. Ela também estava ficando nervosa. "Estão sugerindo que ele pode estar ferido?"

"Não estou sugerindo nada", respondeu Andrew. "Só estou dizendo... Só estou dizendo..." Ele perdeu a voz.

"Só está dizendo o quê?". Shirin estava ficando histérica. Foi quando ela notou a expressão de Andrew.

Ele estava boquiaberto, olhando fixamente para a porta de entrada. Todos se viraram e olharam naquela direção. Brian estava parado lá, apoiado no batente da porta. Ele estava enxovalhado e parecia exausto e, sob o olhar surpreso do grupo, foi deslizando lentamente pelo batente até o chão.

Alguém gritou. Todos se levantaram e se aproximaram correndo. "Para trás! Deem espaço para ele respirar!", berrou Don.

"Tudo bem, estou bem", murmurou Brian, quase sem voz. "Alguém me traga uma água." O Infoman chegou correndo e pediu que Don trouxesse um copo d'água. Ele pediu que Rick perguntasse na recepção se o hotel tinha um médico de plantão e pegasse a chave do quarto de Brian. Ele instruiu Andrew a trazer uma cadeira e, juntos, acomodaram Brian.

"O que diabos aconteceu com você?", exclamou Andrew.

"Passei a tarde inteira trancado no porta-malas de uma limusine na garagem do hotel, acreditem se quiser", explicou Brian. "Sinceramente, prefiro não falar sobre isso agora. Só quero me deitar um pouco no quarto."

Todos compreenderam, e abriram a roda para deixar que o Infoman, com a ajuda de Shirin, levantasse Brian. Rick voltou com a chave e Andrew, Shirin e o Infoman ajudaram Brian a entrar no elevador.

"Sinto muito, mas acho que seria melhor adiarmos o início de nossa sessão para amanhã de manhã", disse o Infoman aos executivos. "Vamos cuidar bem de Brian e nos veremos pela manhã."

A caminho do elevador, Brian, aos poucos, foi conseguindo andar sozinho. "Por que vocês não sobem comigo?", propôs ele. "Eu não queria ficar sozinho e seria bom ter uma ajuda para descobrir o que aconteceu comigo, e por quê."

Eles foram juntos até a espaçosa suíte de Brian. Enquanto Brian tomava um banho, os outros esperaram na sala de estar. Shirin pediu algo para Brian comer. Brian saiu 15 minutos depois, vestido com roupas casuais e uma toalha no pescoço. "Que sufoco! Que dia terrível!", exclamou ele.

"Sente-se e conte-nos o que aconteceu", disse Shirin em voz baixa. "Comece pelo início e nos conte tudo."

Ouviu-se uma batida à porta; era o serviço de quarto com a comida. Quando o jantar foi servido, Brian sentou-se para comer. Ele estava aliviado em poder falar sobre isso com pessoas de sua confiança.

"Na verdade, é muito simples... muito simples e muito estranho. Hoje, às 14 horas, uma limusine chegou para me trazer ao hotel. Quando meu dia é muito atarefado, peço uma limusine, sempre da mesma empresa, para continuar trabalhando no caminho. Eu estava ocupado fazendo ligações e lendo meus e-mails, como de costume. De repente, ocorreu-me que estava levando tempo demais para chegar ao hotel. Olhei pela janela e vi que não estávamos no caminho certo. Bati na divisória, mas o motorista me ignorou. Continuei batendo e, de repente, ele entrou em uma estrada secundária. Dois brutamontes surgiram de trás de um prédio e, juntos, me arrastaram para fora do carro, amarraram minhas mãos atrás de mim, me amordaçaram e me trancaram no porta-malas da limusine. E eu fiquei preso lá desde então." Ele tomou um gole d'água antes de prosseguir.

"A limusine passou um bom tempo em movimento e, cerca de uma hora atrás, eu acho, estacionou em algum lugar. Eu não fazia ideia de onde estava. Podia ser no meio de uma plantação de milho ou em qualquer outro lugar. Comecei a chutar a porta do porta-malas com os dois pés. Chutei até ficar exausto. Acabei pegando no sono e achei ter ouvido sons vindos do lado de fora. Voltei a chutar o porta-malas até que, de repente, alguém o abriu. Fiquei aterrorizado porque pensei que fossem os homens que tinham me prendido lá. Mas, felizmente, era um dos homens que trabalhavam na cozinha do hotel e que havia estacionado perto dos fundos da garagem. Ele estava passando pela limusine quando ouviu meus chutes. Ele abriu a porta da limusine, pressionou o botão para destravar o porta-malas e me ajudou a chegar ao elevador. Peguei o elevador até o restaurante e mal consegui chegar até a entrada quando percebi quanto estava fraco e acabei me sentando no chão."

Todos ouviram o relato, sem dizer uma palavra. Andrew foi o primeiro a se mexer. Ele se levantou e pegou o telefone. "Estou ligando para a polícia", explicou ele. "Eles precisam checar a limusine. Pode haver evidências lá que levem aos culpados dessa história."

"Excelente ideia", observou o Infoman. "Posso ficar aqui com Brian. Vocês dois podem ir descansar. Amanhã será um dia cheio. Estou acostumado a trabalhar com poucas horas de sono. Vamos esperar pela polícia, contar o que aconteceu e, se dermos sorte, conseguir dormir um pouco."

"Tudo bem", disse Shirin, "aceito sua oferta. Graças a Deus você está bem, Brian. Sinto muito que você tenha passado por isso".

"Tirou as palavras da minha boca", disse Andrew, levantando-se para partir também. "Por favor, ligue-me se precisar de alguma coisa, a qualquer hora. Basta ligar para o quarto 1503. Tente descansar e até amanhã."

Eles saíram do quarto juntos, dirigiram-se ao elevador e se despediram distraidamente, pensando em Brian e no dia estranho e terrível que tivera.

* * *

Na manhã seguinte, o grupo inteiro estava lá, inclusive Brian, parecendo exausto e mais magro. Todos o cumprimentaram e perguntaram como ele estava, dando-lhe tapinhas nas costas e apertando sua mão. Depois de um tempo, o Infoman deu início à sessão.

"Que bom estar de volta com vocês! Estamos especialmente felizes em ter Brian aqui conosco, em segurança. Sei que vocês estão todos muito preocupados com o que aconteceu com ele e que todos farão o que for necessário para ajudar a polícia na investigação desse incidente infeliz. Mas, se os responsáveis por essa provação achavam que poderiam prejudicar o avanço de nosso trabalho, deveriam saber que nada impedirá o crescimento do XCorp. Pelo contrário, isso deveria nos dar um incentivo ainda maior para continuar nosso trabalho."

"Agora que esclarecemos a missão e a visão do XCorp Group, precisamos descobrir o que os capacitará a liderar a organização na concretização dessa visão. A resposta será a execução de uma excelente estratégia para o Grupo. Em outras palavras, *as ações do Grupo*, o *foco do Grupo* e *as decisões sobre o que não fazer*. Definidos esses fatores, vocês terão criado um quadro de referência para o alinhamento."

"Antes de começarmos, tenho uma pergunta", interrompeu Shirin. "Claro, o que é, Shirin?", perguntou o Infoman.

"Ontem, ao jantar, começamos a conversar sobre o que seria uma estratégia criativa para nós. Você não participou da conversa, então gostaria de saber o que acha disso."

"Não sei ao certo o que eu poderia agregar ao que vocês já discutiram", arriscou o Infoman. "Vocês estavam falando sobre a estratégia do Grupo ou sobre a estratégia das unidades de negócios?"

"Estávamos falando sobre uma estratégia para uma unidade de negócios conquistar vantagem competitiva", esclareceu Shirin.

"Tudo bem. Aí vai minha opinião sobre esse tema. Para mim, uma estratégia criativa para uma unidade de negócios *é um conjunto inigualável de atividades certas e congruentes necessárias para satisfazer as necessidades reais de segmentos específicos de mercado.*"

"Parece bom, mas o que quer dizer com isso?", perguntou Don.

"Se vocês satisfizerem as necessidades do mercado com um conjunto *inigualável* de atividades *certas* e *congruentes* ou executarem um conjunto similar de atividades coerentes em relação ao concorrente de modo diferente ou mais eficaz do que o concorrente, isso constitui uma estratégia criativa, que lhes dará vantagem competitiva significativa e que será difícil de copiar. Isso os ajudará a atingir uma posição valiosa e sem igual."

"Sei lá...", comentou Don. "Isso tudo parece teórico demais para mim." Fez bem para o ego de Don antagonizar o Infoman. Ele queria defender seu ponto de vista e mostrar a Brian a força de sua liderança.

"Eu adoraria conversar mais sobre o conceito com você, Don. Que tal falarmos no intervalo? Acho melhor focarmos nosso tempo agora."

O grupo ficou intrigado com a observação, já que todos esperavam abordar exemplos mais específicos de uma boa estratégia. O Infoman notou o constrangimento e se explicou: "Acho que deveríamos adiar a discussão sobre a estratégia das unidades de negócios para outro momento, porque o encontro de hoje será voltado a outro tema. A estratégia das unidades de negócios deve ser elaborada em cada negócio com a participação de diferentes grupos de pessoas, com base em diferentes fontes de dados, levando em consideração diferentes concorrentes e diferentes perfis de clientes. Aqui, com a presença de CEOs dos vários negócios e do staff corporativo, temos a equipe certa para discutir a estratégia do

Grupo, ou seja, a estratégia em um nível mais elevado. Essa estratégia de nível superior é que determinará o que o Grupo deve fazer com as unidades de negócios existentes e com novos negócios que virá a adquirir e decidirá como o Grupo os apoiará. Faz sentido?"

Brian concordou.

"A estratégia do Grupo, que vamos discutir hoje, refere-se à criação de um novo futuro para a organização, transcendendo o que já temos agora. Estamos falando da criação de novos processos para o ano que vem e os próximos anos. E também precisamos descobrir quais processos existentes devem ser focados."

Depois de expor essa visão geral dos objetivos da sessão, o Infoman explicou a abordagem proposta. "Sugiro que a estratégia do Grupo tenha dois componentes principais. Em primeiro lugar, a estratégia de negócios do Grupo, que inclui estratégias para os negócios de propriedade do Grupo, e, em segundo lugar, a estratégia de apoio para o Grupo, que seria a estratégia no nível do Grupo para beneficiar todos os negócios."

"Vamos começar analisando a estratégia de negócios do Grupo", prosseguiu o Infoman. "Nessa etapa, devemos definir para cada negócio um *direcionamento estratégico* e um *mandato de sinergia*."

"Direcionamento estratégico! O que você quer dizer com isso? Poderia nos dar alguns exemplos específicos?", pediu Andrew.

"Claro! Alguns exemplos de *direcionamento estratégico* para um dos negócios poderiam incluir crescer de forma seletiva em nichos lucrativos ou crescer de maneira agressiva para aumentar a participação de mercado ou preparar o negócio para a saída. Orientações desse tipo darão a cada negócio um quadro de referência para o alinhamento. Com isso, os negócios poderiam desenvolver as próprias estratégias de acordo com as orientações."

"Espere aí", disse Don. "Achei que você tivesse dito que as estratégias de negócios deveriam ser desenvolvidas em cada unidade de negócio. Por que cada empresa não pode decidir por conta própria seu próprio direcionamento? Fiquei confuso agora." Don se opunha ferozmente ao Grupo, proporcionando o direcionamento para sua empresa. Ele temia que sua empresa não recebesse o tipo de atenção que precisava.

"Mas, se você parar para pensar a respeito, os negócios não contam com a perspectiva mais ampla do Grupo e não têm como se distanciar o suficiente para desenvolver esse tipo de *direcionamento estratégico* por conta própria. Isso acontece porque cada negócio naturalmente gostaria de crescer o mais rapidamente possível, mas o crescimento requer investimento e, de uma forma ou de outra, quem faz o investimento é o Grupo."

"Pode não ser o melhor para a lucratividade do Grupo como um todo permitir que todos os negócios cresçam na mesma velocidade", comentou Brian.

"Justamente", prosseguiu o Infoman. "Se um negócio for um player fraco em um mercado não muito atraente, uma estratégia de crescimento agressivo pode não ser a mais sensata da perspectiva do Grupo. Pode ser melhor investir mais em um negócio do que no outro em determinado momento com base nos mesmos critérios minuciosos."

Don refletiu sobre o que o Infoman estava dizendo e não lhe ocorreu nenhum contra-argumento. Mas ele não conseguia se livrar do incômodo de sentir que seria forçado a abrir mão do controle de sua empresa.

"Agora, vamos tentar formular o *direcionamento estratégico* para os negócios representados aqui hoje", propôs o Infoman.

A sugestão voltou a colocar Don na defensiva, por ir contra a proposta que ele já passara algum tempo se preparando para apresentar a Brian.

"Para proporcionar *direcionamento estratégico* aos negócios, precisaríamos avaliar os pontos fortes de cada um em comparação com seu concorrente mais forte e avaliar a atratividade do mercado", prosseguiu o Infoman. "Sei que todos os negócios representados aqui já realizaram esse tipo de análise, de forma que os dados já estão disponíveis."

O Infoman passou relatórios contendo dados e gráficos aos participantes e pediu que eles avaliassem uma matriz bidimensional preparada pelo departamento de Shirin, mostrando a posição de cada negócio na matriz. O eixo vertical mostrava o posicionamento competitivo do negócio em relação ao seu concorrente mais forte, e o eixo horizontal mostrava sua atratividade de mercado relativa.

Uma animada discussão se seguiu enquanto os participantes avaliavam o portfólio de negócios apresentado na matriz e, juntos, os participantes fizeram alguns ajustes na posição das unidades de negócios.

A matriz mostrava que a XCorp US era muito mais forte do que seu maior concorrente, com um mercado extremamente atraente. Em seguida, vinha a IES, de certa forma mais forte que seu maior concorrente, com um mercado atraente, embora um pouco menos atraente que a XCorp US. A TechCorp e a Cellular foram consideradas equivalentes aos concorrentes, com a TechCorp se posicionando em um mercado altamente atraente e a Cellular, em um mercado medianamente atraente. Naturalmente, os negócios com posicionamentos altamente competitivos e uma grande atratividade do mercado teriam carta branca para um crescimento agressivo, enquanto os negócios com posicionamentos menos competitivos e menor atratividade do mercado precisariam ser mais cautelosos.

O CEO de cada unidade de negócios apresentou a contribuição atual de seu negócio às vendas totais e aos lucros do XCorp Group. Eles discorreram sobre as tendências de mercado para o negócio, bem como sobre as projeções de lucros futuros e a possível entrada de novos concorrentes no mercado. Após uma análise de cada apresentação, os *direcionamentos estratégicos* a seguir foram propostos.

Direcionamento estratégico para o portfólio de negócios

1. A XCorp US investirá em um crescimento agressivo e buscará dominar o mercado.
2. A IES investirá substancialmente no aumento da participação de mercado em segmentos em crescimento (a serem identificados).
3. A Cellular investirá para crescer em segmentos de mercado selecionados (a serem identificados).
4. A TechCorp investirá para conquistar posição de liderança em segmentos de mercado selecionados (a serem identificados).

"Com base nessas orientações", sugeriu o Infoman, "cada CEO poderá trabalhar com sua equipe para desenvolver estratégias essenciais para o negócio, que podem incluir estratégias para esclarecer as prioridades na operação de processos existentes e estratégias para criar novos processos".

O Infoman prosseguiu: "Os termos *crescimento agressivo, crescimento* e *atingir a liderança* precisam ser proporcionais à intenção de sua visão de se tornar uma das 10 melhores empresas de comunicação do mundo."

O Infoman pediu que todos os CEOs lessem em voz alta o direcionamento estratégico elaborado para seu negócio.

Don sentiu uma onda de alívio ao ler o direcionamento estratégico para a IES. Ele estava satisfeito com o resultado da discussão e notou que a percepção do grupo em relação à força da IES era melhor do que ele esperava e que agora ele contava com a anuência de toda a equipe de liderança. A atitude negativa de Don em relação ao Infoman começou a mudar.

"Agora precisamos definir os *mandatos de sinergia* para os quatro negócios", orientou o Infoman. "O XCorp Group, tendo investido substancialmente em cada negócio, merece beneficiar-se dessas sinergias e tem o direito de exigir isso. Cada negócio deve ser posicionado para complementar outros negócios do Grupo objetivando satisfazer as necessidades dos clientes, reduzir os custos, aumentar a diferenciação ou melhorar a vantagem competitiva. Os negócios individuais não teriam condições de fazer isso com eficiência por conta própria. Um mandato de sinergia poderia incluir dois ou mais negócios unindo forças e compartilhando atividades na cadeia de valor."

Depois de uma animada discussão, os participantes chegaram aos seguintes conceitos para seu mandato de sinergia:

Mandato de sinergia

1. A INTEGRATED ELECTRONIC SYSTEMS (IES), A TECHCORP E A CELLULAR DESENVOLVERÃO, JUNTAS, PROTÓTIPOS PARA A PRÓXIMA GERAÇÃO DE DISPOSITIVOS DE COMUNICAÇÃO UTILIZANDO TECNOLOGIAS PROPRIETÁRIAS DO GRUPO E OUTRAS TECNOLOGIAS A SEREM ADQUIRIDAS E APRESENTARÃO SEUS PLANOS PARA O DESENVOLVIMENTO E A DISTRIBUIÇÃO.

2. A XCORP E A TECHCORP COMPARTILHARÃO RECURSOS PARA REDUZIR OS CUSTOS E AGILIZAR O ATENDIMENTO.

"Isso encerra as nossas discussões preliminares relativas ao direcionamento e ao mandato de sinergia para os negócios do XCorp Group", anunciou o Infoman, "e resume o que o Grupo espera das unidades de negócios".

"Agora vamos fazer uma pausa para o almoço e, na volta, veremos o que cabe ao Grupo fazer – o que chamo de *estratégia de apoio* para o Grupo."

Estratégia

* * *

"Você poderia me dar um exemplo de estratégia de apoio?", pediu Ted quando o grupo voltou a se reunir na sala de conferência.

"Claro! Pense nos processos dos quais todos os negócios representados aqui hoje precisam, como seleção de talentos, promoção e colocação, avaliação, remuneração e desenvolvimento da gestão. Esses tipos de processos se relacionam à criação de uma cultura de excelência em todos os negócios do XCorp Group. Esses processos são comuns a todos os negócios, já que beneficiariam a todos, e são mais econômicos quando proporcionados pelo Grupo."

"Para elaborar a estratégia de apoio, vocês precisarão, antes de tudo, analisar cada elemento da visão e se perguntar se já têm implementados os processos necessários nessa categoria para concretizar a visão. Se for o caso, poderão passar ao próximo elemento. Caso contrário, deverão fazer uma lista dos elementos da visão para desenvolver uma estratégia visando à criação do novo processo."

Os participantes se puseram a analisar os elementos da visão e decidiram que seria necessário criar novos processos no nível do Grupo para os seguintes elementos da visão:

Estratégia de apoio

Novos processos necessários nas seguintes áreas:
1. TAMANHO DO XCORP GROUP.
2. PARTICIPAÇÃO DE MERCADO.
3. IMAGEM.
4. COBERTURA.
5. EXCELENTE TRATAMENTO DOS FUNCIONÁRIOS.

O Infoman fez algumas observações antes do intervalo. "Começamos nossa conversa hoje falando sobre dois componentes principais da estratégia do XCorp Group. O primeiro foi a estratégia de negócios do Grupo, incluindo estratégias para os negócios de propriedade do Grupo, e o segundo foi a estratégia de apoio para o Grupo, visando beneficiar todos os negócios. Até agora, identificamos os principais elementos de cada uma delas. Estratégias específicas deverão ser desenvolvidas para cada elemento. Faremos isso depois do almoço usando uma estrutura de árvore, similar à Árvore da Visão, para facilitar a consulta. Bom almoço para vocês!"

CAPÍTULO 5

A ÁRVORE DA ESTRATÉGIA

Todos já se encontravam de volta na sala de conferência antes do reinício da sessão. "O alinhamento às estratégias que vocês determinaram requer um quadro de referência similar à Árvore da Visão", começou o *Infoman*. "Vamos chamá-lo de Árvore da Estratégia. Agora, vamos começar a construir a árvore com base em nosso trabalho de hoje de manhã, incluindo estratégias específicas e iniciativas-chave."

Ele pediu que Tom projetasse uma imagem na tela mostrando a missão e a visão do Grupo, bem como os dois componentes da estratégia do Grupo.

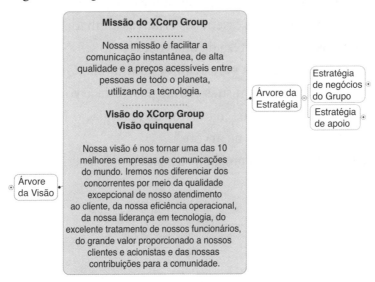

"Alguém pode nos lembrar do que discutimos quanto à estratégia de negócios do Grupo?", indagou o Infoman.

Don respondeu: "Desenvolvemos bons *direcionamentos estratégicos* para cada um dos negócios. Muita gente aqui ficou incomodada com o processo, mas todos nós pudemos ver a lógica por trás do conceito."

"É verdade", observou o Infoman.

Tom projetou uma imagem na tela mostrando os direcionamentos estratégicos.

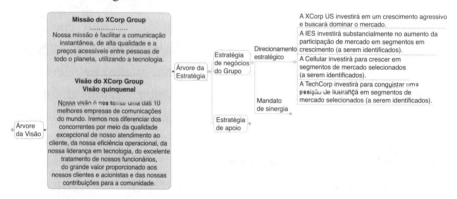

O Infoman se voltou aos quatro CEOs das unidades de negócios presentes na sala e disse: "Agora vocês têm carta branca para elaborar suas estratégias essenciais criativas alinhadas a esses direcionamentos. Tenho certeza de que vocês terão sessões produtivas com seus colaboradores para realizar essa tarefa. Quando terminarem, peço que incluam suas estratégias nesta árvore."

"Depois, elaboraremos mandatos de sinergia", o Infoman lembrou. "Vamos incluí-los na árvore."

"Sem problema." Tom projetou os mandatos de sinergia na tela.

A árvore da estratégia

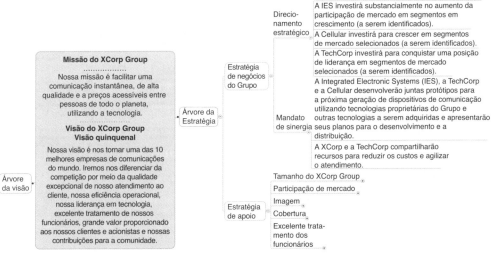

Brian ficou eletrizado ao ver sua equipe aceitando a sinergia que ele vislumbrara quando adquiriu a TechCorp. Com esses mandatos de sinergia, os negócios precisariam trabalhar juntos e agregariam um valor muito além do que cada um deles poderia contribuir individualmente.

"Agora, vamos dar uma olhada na estratégia de apoio e ver onde se encaixaria na árvore", orientou o Infoman. "Como vocês sabem, identificamos cinco áreas da visão em que os processos existentes não são adequados e novos processos se fazem necessários. Vamos incluí-las na árvore."

"Em cada um dos cinco elementos da visão que identificamos, temos novos processos em comum que devem ser desenvolvidos. Vejamos, por exemplo, o 'tamanho do Grupo'. Vocês já constataram que os processos existentes nos negócios não são adequados para nos levar ao tamanho necessário para concretizar nossa visão mesmo que esses processos atingissem seu máximo potencial. Isso quer dizer que precisaremos de novos processos para possibilitar a expansão."

"Tenho uma dúvida", interrompeu Don. "O tamanho do Grupo não se encaixaria melhor na 'estratégia de negócios do Grupo', e não na 'estratégia de apoio'?"

"Acho que não", respondeu o Infoman. "Apesar de a contribuição dos negócios para o tamanho do Grupo ser importante, é no nível do Grupo que precisamos analisar o potencial de crescimento dos quatro negócios, para verificar se o crescimento natural será suficiente para concretizar a visão ou se novas aquisições serão necessárias. Na verdade, é o Grupo que impulsiona o elemento da visão, especialmente se as aquisições demandarem investimento por parte dele."

Tom projetou a Árvore da Estratégia, mostrando os ramos relacionados ao tamanho do XCorp Group.

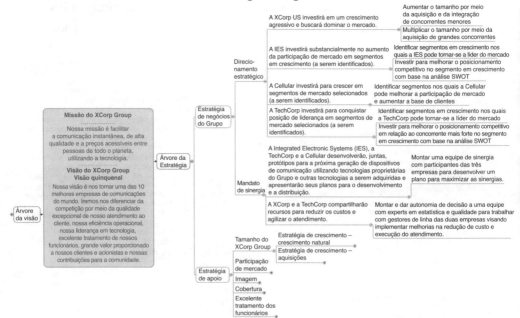

"Como vocês elaborariam uma estratégia para o crescimento natural?", perguntou o Infoman.

Brian respondeu sem hesitação: "Bem, o CEO de cada negócio deve avaliar o potencial de crescimento natural de seu negócio. Não espero uma resposta hoje, porque sei que isso requer muita análise."

Os CEOs concordaram com Brian. O Infoman sugeriu que, com os relatórios dos CEOs em mãos, o Grupo precisaria *identificar oportunidades para acelerar o crescimento natural nas unidades de negócios e ajudá-las a explorar essas oportunidades.*

Os participantes conversaram e decidiram acrescentar *"elaborar um plano para maximizar as sinergias visando a aumentar as vendas"*, a fim de complementar o mandato de sinergia que eles definiram juntos. Já para o crescimento por meio de aquisições, eles optaram por duas iniciativas: *executar aquisições aprovadas* e *elaborar um plano de aquisições para o Grupo.*

Tom Jergens incluiu as iniciativas na Árvore da Estratégia e a projetou na tela.

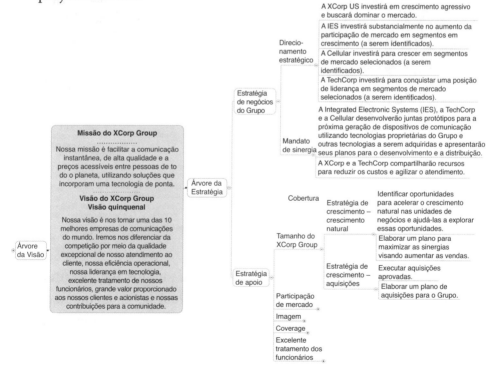

Feito isso, os participantes se dividiram em grupos e se puseram a identificar iniciativas específicas no nível do Grupo para os outros ramos da estratégia de apoio. Quando concluíram a tarefa, cada grupo apresentou suas conclusões. A árvore final ficou como se segue:

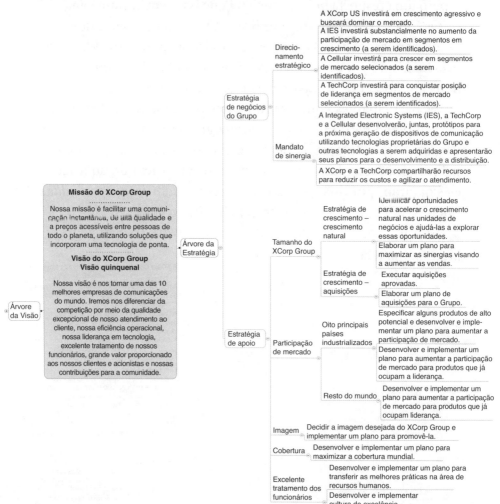

"A árvore não está completa porque ainda temos alguns ramos faltando", explicou o Infoman. "Para completá-la, uma equipe de pessoas (a equipe de estratégia) precisa identificar e incluir os ramos que faltam."

"Como assim? Que ramos estão faltando?", indagou Shirin.

"Os ramos que precisam ser incluídos no *direcionamento estratégico*. Eles constituirão as estratégias essenciais para as unidades de negócios, ao lado das iniciativas necessárias à sua execução, que serão desenvolvidas pelos quatro CEOs em suas respectivas unidades de negócios e submetidas à validação desta equipe."

O Infoman prosseguiu: "Fico à disposição para me encontrar com a equipe de estratégia depois deste retiro e ajudá-los na tarefa de identificar os ramos da Árvore da Estratégia que faltam para ser submetidos à aprovação final deste grupo."

Brian decidiu alocar Don Turner e duas outras pessoas para compor a equipe de estratégia e pediu que o Infoman ajudasse Don nessa tarefa. Ele notou que Don havia assumido uma postura muito mais positiva ao longo da experiência de alinhamento.

Brian se levantou e se dirigiu ao grupo.

"Gostaria de agradecer a todos vocês por participarem com tanto empenho deste importante exercício. Também sou muito grato ao Infoman, que, mais uma vez, enriqueceu nosso trabalho com uma perspectiva revolucionária. Penso que, além de tudo que ganhamos com este processo, saímos com a *unidade de visão* fortalecida entre os participantes. Não vejo a hora de voltarmos a nos reunir e prosseguirmos com o próximo passo do processo."

* * *

Andrew e Shirin decidiram voltar juntos. Eles entraram no carro de Andrew e saíram do estacionamento.

"A reunião foi ótima, não acha?", elogiou Shirin, entusiasmada.

"Foi sim. Acho que progredimos bastante."

"A única coisa negativa foi o incidente terrível que aconteceu com Brian. Não é bizarro? Você tem alguma ideia de quem pode estar por trás disso?", perguntou Shirin.

"Bom, era sobre isso que eu queria falar com você. Na verdade, tenho uma ideia, uma ideia perturbadora, e queria saber o que você acha, se você não se importa."

"Claro que não, pode falar."

"Você conhece meu antigo chefe?", perguntou Andrew.

"Peter? Não, só de vista. Ele saiu logo depois da fusão e ninguém teve muita chance de conhecê-lo, não é? Foi uma pena, parecia que ele tinha muito a contribuir para a empresa. O que aconteceu com ele? Por que saiu tão de repente?"

"É uma longa história e tem alguma coisa a ver com o relacionamento dele com Brian. Peter mudou tanto nos últimos meses que nem o reconheço mais", comentou Andrew, pensativo.

"Em que sentido?", indagou Shirin.

"Não no bom sentido. Sabe como na vida as coisas às vezes não vão do jeito que a gente quer e a pessoa pode acabar irada, vingativa ou até desagradável? Bom, receio que isso esteja acontecendo com Peter. Ele ainda está remoendo a aquisição da TechCorp e... bom, eu me preocupo com a possibilidade de ele estar ficando meio desequilibrado."

"Quer dizer louco?", perguntou Shirin.

"Não exatamente", respondeu Andrew. "Não sei ao certo o que quero dizer com isso. Mas, cá entre nós, acho que ele pode ser a pessoa por trás do que aconteceu com Brian."

"O quê? Você está de brincadeira?". Shirin não conseguia acreditar naquilo.

"Não, estou falando sério. Vamos repassar os fatos. A pessoa que organizou o sequestro ou sei lá o que, conhecia o Brian. Ele sabia onde o Brian trabalhava, sabia que ele chamaria a limusine e sabia até o hotel onde faríamos o retiro. Alguém se ressentia dele ou queria lhe dar uma lição ou assustá-lo, mas sem machucá-lo. Agora, pouquíssimas pessoas se encaixariam nessa descrição, você não concorda?"

"Entendo o que você quer dizer", comentou Shirin, pensativa.

"Ainda tenho contato com Peter. Não falo muito com ele, mas posso dizer que ele está pirando. Ele odeia Brian."

"Bom, e o que você pretende fazer?", indagou Shirin. "Você acha que deveríamos levantar essa possibilidade com alguém?"

"Não, acho que ainda é cedo. Acho que a melhor coisa a fazer é aguardar e observar e esperar que a coisa pare por aqui."

"Acho que você tem razão", comentou Shirin. "Não sei o que dizer; me dê um tempo para eu ver se tenho alguma ideia para o que podemos fazer."

"Desculpe por ter jogado isso no seu colo", lamentou Andrew, pesaroso. "Mas eu precisava falar com alguém e acho que você é a pessoa certa. Obrigado por me ouvir."

Quando chegaram ao prédio de Shirin, ela saiu do carro e disse: "Andrew, quando quiser conversar, pode me ligar a qualquer hora." Ela se despediu e entrou no prédio.

CAPÍTULO 6

O MAPA DE ALINHAMENTO

Brian estava distraído quando entrou na sala de conferência do XCorp para a reunião com sua equipe. Ele ainda não havia conseguido se recuperar plenamente do sequestro no mês anterior. E a polícia não encontrara nenhuma pista da identidade dos sequestradores. Era muito perturbador. Ele se sentia em perigo, vulnerável, como se não estivesse mais no controle da própria vida. Ele se perguntava se não deveria contratar seguranças. Ele já tinha ouvido falar de executivos em outros países circulando em carros blindados e acompanhados de guarda-costas, mas aqui, nos Estados Unidos? A ideia parecia absurda. Ele esperava que a coisa toda se resolvesse logo.

A porta foi aberta e Shirin e Andrew entraram. Eles estavam rindo de algo que Don acabara de dizer. Assim que o último participante entrou na sala, o Infoman chegou. A sala de conferência estava lotada. Muitos executivos do nível que se reportava à equipe de Brian haviam sido convidados a participar do encontro. Depois de ser apresentado, o Infoman se dirigiu ao grupo.

"Neste ponto todos vocês já estão familiarizados com a Árvore da Visão e a Árvore da Estratégia. As duas árvores estão alinhadas à visão do XCorp Group. Agora estamos prontos para colocá-las juntas. Ao colocá-las lado a lado, temos uma imagem bastante completa do que será preciso fazer para concretizar a visão. Chamo a combinação dessas duas árvores de *Mapa de Alinhamento*. Esse mapa constitui o segredo para o alinhamento na organização. Apesar de o trabalho nesse mapa ainda não ter sido concluído, podemos mostrar a vocês o progresso que realizamos até agora."

Ele fez um sinal a Tom para que o mapa fosse projetado na tela.

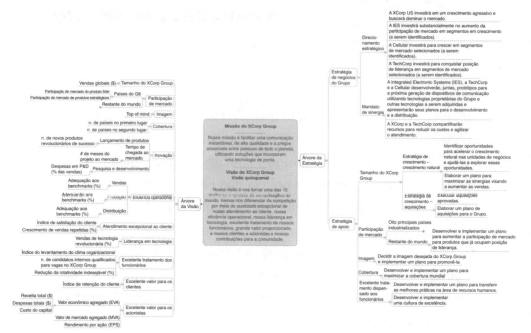

"Esse mapa servirá como um quadro de referência para o alinhamento. Se alguém quiser saber se está realmente contribuindo para o sucesso da organização, deve consultar o mapa e verificar até que ponto está fazendo a diferença. Sem o mapa, o alinhamento será difícil ou até impossível."

Brian pediu que Tom ampliasse a imagem para que todos pudessem ver o mapa em todos os detalhes. Vendo o lado esquerdo e o lado direito da imagem, os participantes reconheceram as duas árvores que montaram juntos.

"Dá para ver que a missão e a visão no centro do mapa esclarecem o lado esquerdo e o direito", prosseguiu o Infoman. Ele pediu

O mapa de alinhamento

para Wade ler a missão e a visão em voz alta para lembrar a todos o que eles estão tentando realizar.

Enquanto Wade lia a visão, Brian se sentiu energizado ao ver as esperanças que ele tinha em mente para o XCorp Group expressas de maneira tão clara. Agora ele sentia que as chances de concretizar sua visão eram excelentes.

"Só para resumir", explicou o Infoman, "os indicadores que vocês definiram e que estão no lado esquerdo do mapa incluem as *medidas do comportamento*, bem como os *resultados dos diversos processos*, necessários à transformação da visão em realidade. Alguns desses processos já foram implementados e outros ainda precisarão ser desenvolvidos por meio das iniciativas estratégicas que vocês especificaram no lado direito do mapa. Para assegurar a excelente execução dessas iniciativas, seu progresso deve ser mensurado por meio de indicadores específicos. Então, podemos ver o lado direito do mapa como um conjunto de importantes *indicadores de iniciativa*".

"Quando você diz iniciativas, quer dizer projetos?", indagou Shirin. "Sim, é isso mesmo. Mas eu uso o termo 'iniciativas' em vez de 'projetos' para diferenciá-las dos projetos operacionais que vocês já devem estar implementando. As iniciativas estratégicas também são projetos, mas em um nível mais elevado."

"Certo. E o que você quer dizer com indicadores de iniciativas? Vocês estão mensurando as iniciativas? E, se for o caso, como?", perguntou Wade.

"Quero dizer mensurar o progresso das iniciativas. Isso é feito usando um conjunto de critérios ponderados para a avaliação."

"Quem fará a avaliação?", indagou Brian.

"Os clientes da iniciativa."

"Mas o resultado final de uma iniciativa já não é a medida real do progresso dessa iniciativa?", indagou Ted Finley. "Por que vocês precisam de um conjunto de critérios?"

"Descobrimos com a experiência que o conjunto de critérios é indispensável nesse caso", explicou o Infoman. "Pode ser problemático avaliar um projeto com base em seus resultados só depois de sua conclusão. E se o projeto não foi um sucesso? Já seria tarde demais para orientar ajustes ao longo do processo. Imaginem o desperdício de recursos!"

"Entendi", concordou Ted. "E se avaliássemos a iniciativa só com um indicador, a porcentagem de conclusão do projeto?"

"Seria melhor, mas não bastaria. Seria possível ter um projeto 100% concluído, mas com uma qualidade ruim ou deixando clientes insatisfeitos. E, como todos nós sabemos, algumas vezes os projetos tendem a ficar '90% concluídos' por um bom tempo."

"Vimos incontáveis empresas com boas estratégias mas sem uma boa execução", continuou o Infoman, "afundando em enormes perdas na forma de desperdício de recursos e perdas ainda maiores na forma de oportunidades perdidas. Por isso a execução é extremamente importante. Aqui, no XCorp Group, vocês querem que as iniciativas tenham uma execução fora de série. Isso significa satisfazer os critérios de excelência em três estágios do projeto: *antes*, *durante* e *depois*. As iniciativas de sucesso satisfazem esses critérios nos três estágios".

Antes da implementação	Durante a implementação	Depois da implementação
Bom planejamento	Cronograma atualizado	Benefícios
Objetivos claros	Qualidade do trabalho	Qualidade do resultado
Envolvimento do cliente	Envolvimento do cliente	Satisfação do cliente
Fundos alocados	Etapas concluídas no prazo	Pontualidade na conclusão
Recursos alocados	Etapas concluídas dentro do orçamento	Conclusão realizada dentro do orçamento
Comprometimento da pessoa responsável	Bom gerenciamento dos projetos	Suporte após a conclusão

"O *indicador de iniciativa* do qual estou falando mensura o sucesso da iniciativa durante a execução e o conjunto de critérios ao qual me referi é composto dos itens relacionados na segunda coluna."

Depois de ouvir a breve explicação sobre a mensuração das iniciativas, Brian retomou a discussão sobre o Mapa de Alinhamento e perguntou: "Então, isso quer dizer que você está simplificando os resultados do nosso processo de planejamento em um Mapa de Alinhamento com apenas dois conjuntos de indicadores, *indicadores de processo* e *indicadores de iniciativa*. É isso mesmo?"

"Isso mesmo", respondeu o Infoman. "É simples assim."

"Gostaria de fazer outro comentário sobre esse mapa", prosseguiu o Infoman. "Queria falar sobre a natureza orgânica do mapa. O que quero dizer com isso é que este não é um mapa estático que, uma vez montado, fica engessado e a organização deve fazer de tudo para segui-lo do jeito que ele foi originalmente concebido. Na verdade, o mapa muda com o tempo. Dois fatores levam à mudança do mapa. O primeiro fator é composto de mudanças em nossa visão à medida que vocês a adaptam às novas oportunidades que forem surgindo e às novas necessidades de seus clientes. O segundo fator é constituído de mudanças no ambiente social, político ou econômico ou a entrada e saída de concorrentes. Qualquer uma dessas mudanças pode levá-los a modificar sua visão e suas estratégias e, em consequência, seu Mapa de Alinhamento."

* * *

Apesar de não ter mencionado isso no encontro dos executivos, o Infoman estava um pouco preocupado em apresentar o Mapa de Alinhamento ainda incompleto, sem todos os elementos necessários para cumprir o que ele estava prometendo. Por exemplo, as iniciativas especificadas nos ramos dos direcionamentos estratégicos para cada unidade de negócios ainda eram provisórias e não constituíam uma lista exaustiva. Ele estava ansioso para melhorar a qualidade do mapa. Com a conclusão da sessão e com os participantes se despedindo, o Infoman foi abordado por Shirin e Don, que o convidaram para almoçar e avaliar o progresso da equipe da visão e da equipe de estratégia. Ele mal podia esperar para ouvir o progresso das equipes. Shirin pediu para a secretária de Brian reservar uma mesa em um restaurante das proximidades.

No almoço, Shirin se pôs a relatar o progresso da equipe da visão.

"Depois que montamos o esqueleto da Árvore da Visão no primeiro retiro, nossa equipe se reuniu e analisou os indicadores listados na árvore. Considerando que a árvore deve incluir todos os indicadores que merecem ser monitorados na empresa – nem mais nem menos –, percebemos que essa árvore deveria substituir todos os indicadores-chave de desempenho e os indicadores do balanced scorecard atualmente em uso nas diferentes unidades de negócios. Então, decidimos criar uma lista de todos os indicadores utilizados no Grupo para não deixarmos de fora nenhum fator importante. A lista acabou ficando enorme e discrepante. Para decidir quais indicadores deveriam ficar e quais deveriam ser eliminados, analisamos cada um deles para ver se causavam impacto suficiente na visão para merecer um lugar na Árvore da Visão. Muitos deles foram mantidos, mas vários outros não se justificavam. Fizemos uma lista dos indicadores que sugerimos eliminar da Árvore da Visão e a submetemos aos CEOs de cada negócio e a Brian. Eles decidirão se querem ou não descontinuá-los."

"Que bom saber disso", disse o Infoman. "Os CEOs e Brian já decidiram?"

"Dei uma olhada na lista para a IES", respondeu Don, "e decidi eliminar os indicadores redundantes".

"Outros CEOs também decidiram a mesma coisa", relatou Shirin.

O mapa de alinhamento

"Nós fomos ainda mais longe", prosseguiu Shirin. "Analisamos cada um dos elementos da visão e incluímos, em azul, os indicadores que consideramos ser necessários para mensurar a concretização da visão. Assim vai ficar fácil para a equipe executiva ver o que estamos sugerindo quando eles forem avaliar e checar nosso trabalho. Depois analisaremos todos os indicadores da árvore para calcular três medidas para cada um deles: *status atual, a meta para este ano* e *a meta para cinco anos a partir de agora* (considerando que nossa visão é quinquenal). Foi nesse ponto que encontramos alguns problemas", contou Shirin.

"Que problemas?", perguntou o Infoman.

"Cerca de 30% dos indicadores do mapa ainda não possuem dados e não tivemos como calcular seu status atual."

"Esses 30% dos indicadores se relacionam a processos que já existem na empresa?", perguntou o Infoman.

"Cerca de metade deles."

"Nesse caso, para os indicadores relacionados a processos existentes que ainda não têm dados, tente mudar o modo como seu indicador foi definido e use os dados disponíveis", sugeriu o Infoman. "Se não der para fazer isso, marque esses indicadores para consultar a equipe de Brian. Vocês também podem incluir uma observação estimando o custo da coleta de novos dados em comparação com o benefício de incluir o fator. Com isso, a equipe de Brian poderá decidir mantê-los ou eliminá-los. Quanto àqueles que não se relacionam a processos existentes, deixe-os no mapa para que os cálculos possam ser feitos no futuro. Foi um progresso enorme, Shirin! Vocês estão de parabéns! Agora vamos saber de Don o que a equipe de estratégia anda fazendo."

"Bom, não avançamos tanto com a Árvore da Estratégia quanto Shirin progrediu com a Árvore da Visão", esclareceu Don.

"Você pode dizer isso, mas sei que não é o caso", Shirin discordou.

"Bom, nossa equipe se reuniu depois do último retiro e dividimos o trabalho em duas áreas principais. A primeira foi concluir o trabalho que começou a ser realizado na estratégia de negócios. A segunda se ocupou da estratégia de apoio e dos novos processos em comum a serem criados pelo Grupo corporativo. Também pedimos que Shirin se unisse ao nosso grupo, já que ela é a vice-presidente de planejamento. Shirin falará sobre o andamento do trabalho dela e de seu parceiro de equipe nos processos em comum, mas antes eu gostaria de relatar o que fizemos na área da estratégia de negócios."

"Comecei a trabalhar imediatamente na IES com meu parceiro de equipe, que, no início, atuou como observador", prosseguiu Don. "Conduzi um retiro com minha equipe e convidei um especialista no setor. O direcionamento estratégico que nos foi definido era investir substancialmente em segmentos em crescimento a serem identificados. Isso nos ajudou muito a decidir que nossa primeira tarefa seria identificar os segmentos em crescimento e, feito isso, decidir como será possível acelerar o nosso crescimento nesses segmentos. Já estávamos trabalhando com segmentos em crescimento, mas o exercício nos estimulou a aprofundar mais nossa análise. Para realizar essa análise mais aprofundada, foi preciso entender melhor os nossos clientes. Passamos um bom tempo pesquisando os perfis de nossos clientes existentes e potenciais. Refletimos sobre o valor que estamos proporcionando a eles, suas necessidades atuais e as necessidades que surgirão com as novas tendências no setor. Com base nos dados de marketing que foram preparados para nós e com a ajuda do expert em marketing que convidamos para participar do processo, identificamos três principais segmentos em crescimento. Depois, ocupamo-nos de decidir os fatores com base nos quais poderíamos concorrer nesses segmentos. Apesar de o preço ser a prin-

O mapa de alinhamento

cipal questão em um dos segmentos, nos outros dois decidimos que deveríamos competir com base em nossos produtos diferenciados. A IES não foi uma grande inovadora, apesar de nossas tentativas no passado, e constatamos que a chave para a diferenciação é a inovação. Dessa forma, esse passou a ser o centro de nosso radar da estratégia. Nossa estratégia é focar em três produtos inovadores, mas fazer deles *produtos de referência, que revolucionarão o setor com uma qualidade excepcional*. Velocidade é essencial para que o design desses produtos seja criado e eles sejam produzidos e lançados no mercado."

"Até agora, identificamos cinco iniciativas que nos ajudarão a concretizar essa estratégia e associamos essas iniciativas à Árvore da Estratégia". Com isso, Don concluiu o relato de seu progresso.

"Parece ótimo, Don! Vocês fizeram um progresso excepcional!", elogiou o Infoman. "E os outros negócios?"

"Meu colega Ted observou e participou conosco do processo e concordou em ajudar os outros negócios a ter uma experiência similar e decidir a estratégia essencial e iniciativas para cada um. Ele já incluiu algumas no mapa e incluirá o restante assim que forem definidas. Sei que ele está quase acabando, mas precisa de mais uma ou duas semanas."

"Excelente, Don! Agora, podemos falar sobre os processos em comum?"

Shirin respondeu: "Eu e meu parceiro de equipe analisamos a Árvore da Estratégia criada no retiro e nos concentramos no ramo principal, identificado como 'estratégia de apoio'. Percebemos que, na área corporativa do XCorp Group, já temos muitos projetos estratégicos que precisam de patrocinadores ativos e que provavelmente deveriam ser associados a esse ramo. Então, fizemos uma lista de todos os projetos estratégicos atualmente em curso no XCorp Group e nos quatro negócios. Queríamos ver quais pertenciam ao nível do Grupo e quais pertenciam ao nível das unidades de negócios. Constatamos uma considerável duplicação de projetos similares em desenvolvimento. Analisamos a lista e dividimos os projetos em três listas. A primeira lista inclui projetos que achamos que deveriam ser realizados no nível do Grupo. A segunda lista inclui projetos que achamos que seriam mais adequados ao nível dos negócios. E a terceira lista inclui projetos que não estão alinhados aos elementos da visão que identificamos no retiro. Incluímos as iniciativas da primeira e da segunda lista na Árvore da Estratégia e submetemos a terceira lista à avaliação de Brian e de sua equipe. Eles podem decidir eliminar os projetos dessa lista ou incluí-los em algum lugar da árvore."

"Você sabe quando Brian e a equipe validarão esse trabalho?"

"Acho que em umas duas semanas", estimou Shirin.

Apesar de o Infoman ter ficado bastante impressionado com o trabalho das equipes, ele achava que o XCorp só estaria pronto para o próximo passo do processo de alinhamento em pelo menos um mês. Ele deu a Shirin e a Don uma prévia do que estava por vir.

"O trabalho que vocês e os membros de sua equipe realizaram é extremamente valioso. Vocês elevaram a qualidade do Mapa de Alinhamento muito além do que fizemos juntos. Parece-me que esse mapa estará pronto em cerca de um mês. Sugiro nos encontrarmos em um mês com Brian e sua equipe para obter a validação final do mapa e atribuir a prestação de contas de cada indicador às pessoas certas na organização. O retiro de prestação de contas será o último grande retiro para esclarecer o alinhamento. Então, mandem bala! Não vejo a hora de nos reunirmos no mês que vem."

CAPÍTULO 7

PRESTAÇÃO DE CONTAS

Um mês depois, a equipe de Brian se reuniu para o retiro da prestação de contas no mesmo hotel em Manhattan. Brian foi de carro com Shirin, Gail e Ted. Ninguém se surpreendeu quando ele decidiu não contratar mais o serviço de limusines.

As equipes de visão e estratégia haviam concluído o trabalho e o mapa estava pronto para validação e pequenos ajustes. Com o grupo reunido na sala de conferência, Brian expressou sua satisfação com o trabalho realizado pelas equipes. "Graças ao Don e à Shirin, nosso trabalho hoje será bem mais fácil."

O Infoman relembrou rapidamente as regras básicas que eles haviam desenvolvido no primeiro retiro e prosseguiu.

"Neste ponto, vocês todos já conhecem bem o Mapa de Alinhamento que criamos juntos."

Tom exibiu a mais recente versão do Mapa de Alinhamento na tela.

"Hoje avaliaremos o trabalho realizado pela equipe da estratégia pela equipe da visão para validá-lo ou propor alterações."

Shirin e Don explicaram o trabalho de suas respectivas equipes e apresentaram os resultados no Mapa de Alinhamento. A qualidade do trabalho realizado era tão boa que o grupo só levou algumas horas para fazer pequenos ajustes no mapa e aprová-lo.

Depois de um intervalo, o Infoman se dirigiu ao grupo dizendo: "Estou certo de que vocês concordam que cada indicador nos dois lados do mapa requer atenção. Alguns desses indicadores são financeiros e outros não. Alguns precisam ser monitorados trimestralmente, alguns mensalmente, alguns semanalmente e alguns diariamente. Os indicadores que requerem atenção diária não costumam ser financeiros, mas são extremamente importantes. Todos são indicadores vitais de desempenho."

"A prestação de contas significa atribuir a responsabilidade por todos esses indicadores à pessoa certa na organização", prosseguiu ele.

"Com certeza", comentou Don. "Mas não será fácil decidir quem deve prestar contas por cada indicador."

"Com critérios e diretrizes, vocês verão que a tarefa é muito mais fácil do que parece!", explicou o Infoman. "Digam-me o que acham deste critério: sugiro que comecemos alocando a prestação de contas a um indicador de processo (aqui, no lado esquerdo do mapa), '*a pessoa com o maior impacto direto e no nível mais baixo adequado da organização*'."

"Em outras palavras, se tanto um gestor quanto seu colaborador puderem afetar o indicador de processo, é o colaborador quem deve prestar contas por ele", observou Brian.

O Infoman concordou.

"E os indicadores de iniciativa (no lado direito da árvore)?", perguntou Andrew.

"Nesse caso, seria o contrário: *a pessoa com o maior impacto direto e no nível mais elevado adequado da organização* deve prestar contas por uma iniciativa. As iniciativas estratégicas têm mais chances de sucesso quando um nível mais elevado de autoridade é encarregado de prestar contas por elas."

"Certo", disse Shirin. "Se usarmos esses critérios, quem ficará encarregado da alocação de responsabilidade pela prestação de contas?"

"Brian e sua equipe farão isso para os indicadores no nível do Grupo e as equipes executivas dos negócios se encarregarão da alocação da prestação de contas para os indicadores no nível dos negócios."

"Excelente!", comentou Brian. "Com isso, teremos distribuído a responsabilidade pela prestação de contas a cada pessoa da nossa organização."

"Isso mesmo! Quando a prestação de contas for distribuída por toda a organização, cada pessoa será responsável por alguns indicadores, que se tornarão os Fatores Críticos de Sucesso (FCS) dessa pessoa. Na verdade, os FCS são medidas do impacto direto e único de cada pessoa sobre os indicadores de processo incluídos no mapa."

"Faz sentido atribuir a responsabilidade por prestar contas e mensurar o impacto direto na forma de Fatores Críticos de Sucesso (FCS), mas onde a responsabilidade compartilhada se encaixa nisso?", interrompeu Don Turner.

"Isso será mensurado levando em consideração um segundo tipo de impacto sobre um indicador, o *impacto interfuncional*. Se você afetar um indicador de processo por meio da sua influência interfuncional, esse indicador será um Fator Crítico de Influência (FCI) para você. Um FCI mensura sua influência indispensável sobre um indicador de processo pelo qual outra pessoa está encarregada de prestar contas."

"Deixe ver se eu entendi bem", disse Shirin. "Duas pessoas olham para o mesmo indicador: uma o vê como seu Fator Crítico de Sucesso (FCS) e a outra o vê como seu Fator Crítico de Influência (FCI). É isso?"

"Isso mesmo", confirmou o Infoman. "Mas muitas pessoas que têm uma influência indispensável sobre um Fator Crítico de Sucesso (FCS) podem ver esse mesmo indicador como seu Fator Crítico de Influência (FCI)."

"Qual é a vantagem da distinção entre FCS e FCI?", interpelou Don.

"A prestação de contas requer esclarecimento dos papéis. Não queremos pessoas com Fatores Críticos de Influência (FCIs) assumindo o trabalho que na verdade pertence a alguma outra pessoa e não queremos que a pessoa que tem um Fator Crítico de Sucesso (FCS) ignore sua responsabilidade."

Enquanto Shirin e Don ponderavam sobre a resposta, o Infoman continuou. "Temos também um terceiro tipo de impacto: o *impacto da gestão*. Se você afetar um indicador por meio de seu papel como um gestor, esse indicador será um Fator Crítico de Gestão (FCG) para você. Um FCG mensura seu sucesso em obter resultados por meio das pessoas que você gerencia."

"Ainda estamos tentando entender a distinção entre um Fator Crítico de Sucesso (FCS) e um Fator Crítico de Influência (FCI) e você nos vem com mais um! Essas distinções todas são mesmo necessárias?", questionou Don.

"São essenciais", respondeu o Infoman. "Quando você olha um indicador como o seu Fator Crítico de Gestão (FCG), você é lembrado de que deve tomar cuidado para evitar o microgerenciamento ou assumir um trabalho que na verdade pertence a algum subordinado seu, direto ou indireto. Você percebe que sua influência deve ser exercida pela forma como motiva, encoraja e desenvolve o subordinado e não assumindo o trabalho dele. Essas distinções encorajam os comportamentos certos na organização."

Shirin levantou a mão. "Só para me ajudar a entender. Duas pessoas poderiam olhar para o mesmo indicador. Uma o vê como seu Fator Crítico de Sucesso (FCS) e a outra o vê como seu Fator Crítico de Gestão (FCG). É isso mesmo?", perguntou ela.

"Isso mesmo", confirmou o Infoman. "Só que o Fator Crítico de Gestão (FCG) também poderia ser a soma dos valores dos Fatores Críticos de Sucesso (FCSs) das pessoas que você gerencia. Por exemplo, se cinco supervisores forem responsáveis por prestar contas pela produção de determinado número de dispositivos em suas respectivas linhas de produção, o Fator Crítico de Sucesso (FCS) deles seria *a quantidade de dispositivos produzidos* e o Fator Crítico de Gestão (FCG) para o chefe deles seria a *soma dos dispositivos produzidos por todos eles.*"

"Vejamos o exemplo das *vendas (em $)*", prosseguiu o Infoman. "Quem deve prestar contas pelas *vendas (em $)*?"

"Todo mundo", respondeu Andrew.

"Sim, mas quem efetivamente realiza as vendas?"

"O vendedor", respondeu Andrew novamente.

"O vendedor tem autonomia para sair vendendo?"

"Com certeza", afirmou Andrew.

"Quando as vendas estão baixas, quem vocês motivariam e encorajariam para vender mais? O vendedor?"

"Sim", respondeu Andrew.

"Então *vendas (em $)* é o FCS do vendedor. Ele deve ser o responsável por prestar contas por esse fator."

Todos pareceram ter entendido a ideia. Para explicar o conceito do FCS dando o exemplo de outro nível, ele perguntou: "Qual seria o Fator Crítico de Sucesso (FCS) para o gerente de vendas? Quero dizer, qual seria a medida do valor agregado específico para o gerente de vendas?"

"Vendas totais?", arriscou Don.

"Essa é a resposta que muitas pessoas dariam", reconheceu o Infoman. "Mas será que esse é mesmo o FCS para o gestor de vendas? Se as vendas caírem, será que ele mesmo poderia fazer alguma coisa diretamente, como vender mais?"

"Não", disse Don. "Ele se certificaria de que os vendedores vendessem mais."

"Justamente", confirmou o Infoman. "Então, ele exerce sua influência não fazendo algo ele mesmo, mas agindo por meio de seu pessoal."

"As vendas totais para o gerente de vendas não são um FCS, são um FCG. Então, voltando à minha pergunta, qual seria um FCS para o gerente de vendas?", o Infoman repetiu a pergunta.

Depois de alguns minutos de reflexão, Shirin arriscou: "Que tal algo como *porcentagem de vendedores que excederam a cota*?"

"Justamente! Para elevar esse indicador até os 100%, o gerente de vendas precisaria orientar, apoiar, motivar, treinar, instruir e acompanhar seu pessoal de vendas para ajudá-los a atingir a cota. Esse é o trabalho da gestão e o gerente é a pessoa que causa maior impacto direto na melhoria desse indicador."

"Agora, no caso da influência interfuncional, de quem seria o FCI *vendas (em $)*? Quero dizer, quem daria uma contribuição indispensável para as *vendas (em $)* do vendedor?"

"Talvez o gerente de marketing", sugeriu Wade. "A propaganda tem uma influência indispensável sobre as vendas."

"Esse é um bom exemplo. O gerente de marketing teria as vendas como um FCI, mas o gerente de logística e o gerente de produção também teriam as *vendas (em $)* como um FCI."

"E a influência de linha pontilhada?", perguntou Gail. "Sou a diretora do RH corporativo. Tenho um pessoal se reportando diretamente a mim, então sei que terei FCGs, mas existe um pessoal de RH nas unidades de negócios com um reporte de linha pontilhada a mim. Isso também seria considerado um FCG?"

"Na verdade, não", foi a resposta do Infoman. "O que você acabou de descrever constitui o quarto e último tipo de impacto, um impacto particularmente relevante para as organizações matriciais. Esse impacto é o FIG ou Fator Influência de Gestão. Para as pessoas que apresentam um reporte do tipo linha pontilhada a você, você terá FIGs refletindo sua influência de gestão sobre elas."

Dito isso, o Infoman lhes deu alguns minutos para digerir as informações. Todos pareceram pensativos, mas ninguém fez mais nenhuma pergunta.

Feita a pausa, o Infoman voltou a atenção de todos para o lado direito do mapa. "Como vocês sabem, o lado direito deste mapa aborda as iniciativas estratégicas. O progresso das iniciativas é mensurado com o *Índice de Projeto de Sucesso* ou IPS."

"De maneira similar aos FCSs", prosseguiu ele, "os IPSs vêm em quatro tipos. Aqueles sobre os quais vocês têm o maior impacto direto são seus Índices de Projeto de Sucesso, ou IPSs. A iniciativa que vocês influenciam por meio do papel de vocês como gestores é seu Índice de Projeto de Gestão ou IPG. A iniciativa que vocês influenciam por meio de sua influência interfuncional é seu Índice de Projeto de Influência, ou IPI, e as iniciativas que vocês afetam por meio de sua influência de linha pontilhada é o Índice de Influência de Gestão, ou IIG".

O Infoman projetou na tela um resumo dos conceitos que acabou de apresentar na forma de um diagrama.

Tipo de impacto	Impacto sobre os indicadores da visão	Impacto sobre as iniciativas estratégicas
Impacto direto	Fator Crítico de Sucesso (FCS)	Índice de Projeto de Sucesso (IPS)
Impacto da gestão	Fator Crítico de Gestão (FCG)	Índice de Projeto de Gestão (IPG)
Impacto interfuncional	Fator Crítico de Influência (FCI)	Índice de Projeto de Influência (IPI)
Impacto da gestão interfuncional de linha pontilhada	Fator Influência de Gestão (FIG)	Índice de Influência de Gestão (IIG)

"Será que você poderia nos dar alguns exemplos para nos ajudar a entender melhor esses tipos?", pediu Shirin.

"Sim, claro. Na verdade, em alguns minutos discutiremos quem possui qual papel para cada um dos indicadores de seu Mapa de Alinhamento e vocês passarão a dominar esses conceitos depois de trabalhar em um ou dois casos."

"Quando os papéis para todos os indicadores forem definidos, cada pessoa na organização terá um mix dos tipos de fatores. O pessoal de linha terá mais FCSs e o staff terá mais IPSs ou FCIs. Os níveis mais altos terão mais fatores IPSs, ao passo que os níveis mais baixos terão mais FCSs. Isso porque os níveis superiores devem ocupar-se mais do futuro e os níveis mais baixos devem ocupar-se do presente". Ele desenhou dois triângulos lado a lado.

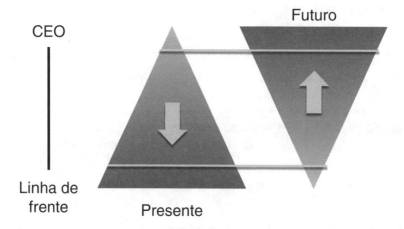

"Se esses dois triângulos representam, respectivamente, os indicadores dos processos do *presente* e os indicadores das iniciativas para o futuro de uma organização, traçar uma linha horizontal passando por eles mostra que, em cada nível, um gestor terá um mix de indicadores do presente e do futuro, Quanto mais elevada for sua posição na hierarquia organizacional, maior será seu foco no futuro. Inversamente, quanto mais baixa for sua posição, mais você terá de se concentrar nas operações do presente. Não importa qual é seu nível na organização, o número total de fatores para seu cargo não deve passar de uma página; na verdade, não deveria exceder cinco a sete indicadores."

* * *

Enquanto os participantes refletiam sobre os dois triângulos, Joanne entrou na sala de conferência com um recado para Brian. O recado dizia: "Há dois senhores na recepção querendo vê-lo. É urgente." Brian pediu que o grupo fizesse um intervalo de 15 minutos e se dirigiu à recepção. Lá, ele viu um policial uniformizado e outro homem. Ele presumiu que o outro homem também era um policial.

"Olá, sou o detetive Cummings e este é o policial Thornton. Temos notícias sobre o seu sequestro", disse o homem vestido à paisana. "Não entrarei em todos os detalhes de como descobrimos isso. Basta dizer que conseguimos identificar os dois sujeitos que executaram a ação. Nós os prendemos. Eles foram contratados. O problema, até agora, é que eles se recusam a falar. Então ainda não sabemos quem está por trás do crime."

"O senhor consegue pensar em alguém que poderia estar aborrecido com o senhor?", perguntou o detetive. "Ou alguém que poderia querer lhe dar um susto por alguma razão?" Thornton abriu o bloco de notas, pronto para anotar o que Brian dissesse.

"Na verdade, não", respondeu Brian. "Sinceramente, estou perplexo com essa coisa toda. Se eles tivessem pegado o meu computador, meu celular ou a minha carteira, qualquer coisa de valor, eu teria entendido. Mas o fato de eles não terem levado nada e terem me deixado na garagem do mesmo hotel no qual eu deveria participar de um retiro de fim de semana sugere que o objetivo não foi me roubar nem me ferir. Eles deveriam ter alguma outra coisa em mente."

"Também pensamos assim. Alguém está tentando mandar uma mensagem. Mas por que alguém se daria a tanto trabalho sem deixar nenhum sinal do que pretende com isso?"

Os dois homens se levantaram para partir. "Bem, senhor Scott, se o senhor pensar em alguma coisa, por favor, me ligue. Aqui está o meu cartão. Pode me ligar a qualquer hora", disse o detetive Cummings, estendendo seu cartão de visitas.

"Muito obrigado pelo excelente trabalho que vocês realizaram e, por favor, me avisem se descobrirem alguma coisa", agradeceu Brian. Eles concordaram e partiram.

* * *

Brian voltou à sala de conferência e encontrou o grupo envolvido em uma animada conversa.

"Vamos retomar a sessão", orientou Brian.

"Tenho uma pergunta", disse Shirin. "Você pode nos explicar como o Índice de Projeto de Gestão (IPG) funciona?"

"Naturalmente", respondeu o Infoman. "Vamos analisar o exemplo: 'expandir o XCorp para a China'. Vamos supor que essa iniciativa inclua três subiniciativas:

1. PESQUISA DE MERCADO PARA AVALIAR A DEMANDA NO MERCADO CHINÊS.

2. PROJETO DE AQUISIÇÃO PARA ENCONTRAR EMPRESAS POTENCIAIS A SEREM ADQUIRIDAS.

3. ESTUDO DE VIABILIDADE PARA A CONSTRUÇÃO DE UMA FÁBRICA NA CHINA.

A responsabilidade por essas subiniciativas poderia ser alocada como três Índices de Projeto de Sucesso (IPSs) a três pessoas da organização; um índice para cada pessoa. A pessoa que gerencia essas três pessoas poderia ter um IPG (Índice de Projeto de Gestão) refletindo o progresso da iniciativa como um todo. Para os departamentos financeiro e jurídico, a subiniciativa 'aquisição' seria um Índice de Projeto de Influência (IPI)".

Durante o intervalo, Tom fez os ajustes finais em uma planilha que ele havia preparado com base no Mapa de Alinhamento. Ele projetou a imagem da primeira página de sua planilha quando Brian retornou ao grupo.

	MODELO DE PRESTAÇÃO DE CONTAS PARA A ALTA LIDERANÇA DO XCORP GROUP – página 1								
Visão	Indicadores ou iniciativas	Brian Scott CEO	CEOs das unidades de negócios	Shirin Chandra Planejamento	Pat Brown TI/P&D	Ted Finley	Gail Locke CFO		Níveis inferiores
Tamanho do XCorp Group	Indicador: Vendas totais								
	Iniciativa: Identificar oportunidades de acelerar o crescimento natural dos negócios e ajudar os negócios a explorar essas oportunidades								
	Iniciativa: Desenvolver plano para maximizar sinergias visando a aumentar as vendas								
	Iniciativa: Executar as aquisições já planejadas								
	Iniciativa: Desenvolver plano de aquisições do Grupo								

Participação de mercado	Indicador: Participação de mercado do produto líder nos oito principais países industrializados								
	Indicador: Participação de mercado dos produtos estratégicos nos oito principais países industrializados								
	Indicador: Participação de mercado do produto líder no resto do mundo								
	Iniciativa: Definir alguns produtos de alto potencial, desenvolver e implementar plano para aumentar a participação de mercado nos oito principais países								
	Iniciativa: Desenvolver e implementar um plano para aumentar a participação de mercado de produtos já líderes nos oito principais países								
	Iniciativa: Desenvolver e implementar um plano para aumentar a participação de mercado de produtos já líderes no resto do mundo								

"O que temos aqui é o que chamo de *modelo de prestação de contas*. Na primeira coluna, temos os elementos da visão. Na segunda coluna, temos os indicadores de processo e iniciativas provenientes do Mapa de Alinhamento. As colunas subsequentes são dedicadas a posições diferentes na organização, a começar com Brian. Vamos começar analisando cada indicador de processo e iniciativa da tabela e decidindo quem deve prestar contas por ele", sugeriu o Infoman. "Todo mundo concorda?"

Ao ver que todos concordavam, ele prosseguiu: "Vamos começar pelas vendas, um indicador que já discutimos; quem deveria prestar contas pelas *vendas (em $)* do XCorp Group?"

"Você quer dizer o total de todas as vendas de todas as empresas, certo?", perguntou Shirin. "Como as vendas totais são compostas das vendas dos negócios, as pessoas dos níveis mais baixos que efetivamente realizam as vendas deveriam ter esse indicador como seu FCS."

"Correto", confirmou o Infoman. "Ele desce até o nível mais baixo relevante da organização."

"Os níveis mais baixos podem ser os responsáveis por isso, mas eu preciso supervisionar o progresso, então as vendas totais não deveriam ser um FCG para mim?", perguntou Brian.

"Sim, é claro, e poderia ser um FCG para os níveis intermediários também, já que eles devem supervisionar as vendas agregadas de responsabilidade deles", comentou o Infoman.

"Com certeza", anuiu Don. "Precisamos ficar de olho nesse número."

"Então vamos atribuir a eles os FCGs pela parte das vendas em suas respectivas organizações", sugeriu o Infoman.

Tom incluiu as informações.

Vendas totais	FCG para Brian Scott	FCG para os CEOs dos negócios	FCS para os níveis mais baixos

"Agora que esclarecemos a prestação de contas para um indicador de processo, que tal analisarmos um indicador de iniciativa?", propôs o Infoman.

"Boa ideia", disseram Brian e Shirin ao mesmo tempo.

"Com qual deles vocês gostariam de começar?"

"Que tal 'executar as aquisições já planejadas'", sugeriu Wade. Ele já estava envolvido em negociações para uma aquisição.

"Pode ser. Quem teria essa ação como seu IPS?"

"Acho que deveria ser no nível mais elevado", sugeriu Ted, "então todas as iniciativas deveriam ser atribuídas a Brian".

"Lembre-se de que deve ser o nível mais alto *relevante*", comentou o Infoman, com um sorriso. "A palavra-chave aqui é relevante. Brian não tem como se encarregar de todas as iniciativas da empresa."

"Talvez a responsabilidade pela prestação de contas neste caso deveria ser atribuída a mim, já que sou o CFO", arriscou Ted. "Sou eu quem mais se ocupa dos números."

"Ou eu deveria ser a responsável, já que sou a diretora de planejamento", Shirin propôs. "As aquisições planejadas deveriam ser de responsabilidade do departamento de planejamento."

O Infoman disse: "Para decidir quem deve se encarregar desse IPS, sugiro que vocês pensem em uma aquisição passada que vocês consideram um sucesso e lembrem quem a liderou."

"Foi o líder do negócio", lembrou Brian. "Então, estamos falando de um IPS para os líderes dos negócios e de um IPI para Ted." Todos concordaram e Tom apresentou o resultado na tela.

Execução das aquisições planejadas		IPS para os CEOs dos negócios	IPI para o CFO, Ted Finley

"E a iniciativa 'desenvolver plano de aquisições do Grupo'? Quem deveria se encarregar dela?", perguntou o Infoman.

"Acho que deveria ser eu, como o CFO, porque essa iniciativa requer conhecimento de financiamentos."

"Sim, mas o financiamento é um meio para atingir um fim. O mais importante é o encaixe correto e a sinergia do novo negócio com as operações atuais", explicou Shirin.

"Essa iniciativa deve ser um IPS para Shirin e um IPI para os líderes das unidades de negócios, porque poderá coordenar as informações dos líderes dos negócios para desenvolver um plano que nós todos poderemos avaliar", observou Brian.

Tom exibiu a conclusão na tela.

Plano de aquisições do Grupo	IPS para Shirin Chandra	IPI para os CEOs dos negócios	IPI para o CFO, Ted Finley

"Agora vamos passar para 'identificar oportunidades de acelerar o crescimento natural dos negócios e ajudar os negócios a explorar essas oportunidades'. Quem deveria se responsabilizar por essa iniciativa?"

"Acho que ela também seria minha", propôs Shirin. "Vou precisar das informações de todos e não vou tomar todas as decisões, só farei a análise para apresentar a este grupo."

"Concordo", assentiu Brian. Tom acrescentou as informações.

Identificar oportunidades para acelerar o crescimento natural dos negócios	IPS para Shirin Chandra	IPI para os CEOs dos negócios	IPI para os CFOs dos negócios

"Prontos para mais uma?", propôs o Infoman.

"Claro, sempre prontos!", respondeu Brian, sorrindo.

"Então vamos analisar o indicador de processo 'participação de mercado do produto líder nos oito principais países industrializados'. De quem seria esse FCS?", indagou o Infoman.

"Com certeza não é do Brian", comentou Andrew.

"Também não é o FCS dos líderes dos negócios, nem o FCS de qualquer pessoa do staff que reporta a Brian", acrescentou Ted.

"Acho que isso deveria descer vários níveis em cada empresa", sugeriu Shirin.

"Não seria um FCG para os líderes dos negócios?", propôs Andrew.

"Isso mesmo", concordou o Infoman.

Tom incluiu o fator na planilha:

Participação de mercado do produto líder nos oito principais países industrializados	FCG para CEOs dos negócios	FCG para os diretores de vendas dos negócios	FCS para os níveis mais baixos

"Será que podemos avaliar o indicador 'índice de satisfação do cliente'?", propôs Andrew. "Estou curioso para saber quem deve se encarregar disso."

"Sem problema, podemos avaliar esse índice agora. Quem vocês acham que deveria ter o 'índice de satisfação do cliente' como um FCS?"

"Eu", disseram Don e Rick ao mesmo tempo. Don explicou: "Na posição de CEO da IES, o índice de satisfação do cliente na minha empresa é o FCS mais importante para mim. Então acho que eu deveria me encarregar dele."

"Para começar", o Infoman comentou, "concordo com Don que a prestação de contas por esse índice de fato deve ser alocada ao nível dos negócios. Agora precisamos decidir quem tem o impacto mais direto sobre esse índice no nível mais baixo relevante da organização".

"Eu", respondeu Don.

"Tem certeza de que esse seria um FCS seu?", indagou o Infoman. "Se o índice de satisfação do cliente fosse insatisfatório, o que você faria?"

"Eu convocaria uma reunião com meu pessoal e pediria que eles prestassem mais atenção."

"E o que eles fariam depois dessa reunião?"

"Teriam uma reunião com o pessoal deles pedindo para eles prestarem mais atenção", respondeu Don, sorrindo ao perceber aonde o Infoman queria chegar com a pergunta. "Por exemplo", explicou Don, "o meu vice-presidente de vendas provavelmente faria uma reunião com o gerente de vendas pra descobrir o que aconteceu e o que poderia ser feito para melhorar a satisfação do cliente".

"Então por que esse seria um FCS para você? Vamos eliminar todas essas reuniões que só postergam a ação e atribuir esse índice como um FCS à pessoa que de fato pode fazer algo a respeito. Vamos atribuir a responsabilidade por prestar contas por esse fator ao gerente de vendas ou até mesmo o vendedor", sugeriu o Infoman.

O grupo continuou analisando os outros indicadores e iniciativas da árvore e decidindo qual seria a pessoa mais relevante para se responsabilizar por eles. No fim da tarde, eles já haviam coberto um grande número de indicadores dos dois lados do mapa. Shirin levantou a mão.

"Sim, Shirin", disse o Infoman.

"E as iniciativas de cada unidade de negócios? Elas são as mais importantes e ainda não falamos sobre elas." Ela prosseguiu: "Por exemplo, Don está desenvolvendo três produtos revolucionários na área dele; de quem seriam esses IPSs?"

"Boa pergunta", elogiou o Infoman. "Não deveríamos nos ocupar aqui de atribuir a prestação de contas por esses índices. Na verdade, isso deve ser feito em cada negócio para garantir melhor atribuição pela prestação de contas. Isso levará a algumas valiosas discussões em cada unidade de negócios, intensificará o envolvimento de todos e reforçará o sentimento de coparticipação no processo de alinhamento."

Brian acrescentou: "Sugiro que vocês conduzam uma reunião com seus colaboradores para esse fim."

"Já planejei fazer isso", comentou Don. "Vamos reservar dois dias para essa atividade para cobrir todas as posições de gestão até o nível da supervisão."

"Excelente", observou o Infoman.

O Infoman voltou-se para Brian e disse: "Para garantir a alta qualidade e a sistematização do conteúdo deste modelo de prestação de contas, gostaria de sugerir que vocês criem uma *equipe de prestação de contas*, composta de algumas pessoas que ajudarão os líderes das unidades de negócios durante o processo de definição e assegurarão a qualidade do resultado final. Essa equipe seria uma combinação da equipe da visão e da equipe de estratégia que vocês já montaram; eles fizeram um trabalho espetacular."

Brian anuiu com a cabeça. Ele já estava pensando em algo similar. Antes de concluir a sessão, o Infoman pediu a Tom para projetar o modelo de prestação de contas que eles produziram ao longo do dia:

Prestação de contas

Visão	Indicadores ou iniciativas	Brian Scott CEO	CEOs das unidades de negócios	Shirin Chandra Planejamento	Pat Brown TI/P&D	Ted Finley Finanças	Gail Locke RH	Níveis inferiores
	MODELO DE PRESTAÇÃO DE CONTAS PARA A ALTA LIDERANÇA DO XCORP GROUP – página 1							
Tamanho do XCorp Group	Indicador: Vendas totais	FCG	FCG					FCS
	Iniciativa: Identificar oportunidades de acelerar o crescimento natural dos negócios e ajudar os negócios a explorar essas oportunidades		IPI	IPS	IPI	IPI		
	Iniciativa: Desenvolver plano para maximizar sinergias visando a aumentar as vendas	IPG	IPS					IPI
	Iniciativa: Executar aquisições já planejadas		IPS		IPI			
	Iniciativa: Desenvolver plano de aquisições do Grupo		IPI	IPS	IPI			

	Indicador: Participação de mercado do produto líder nos oito principais países industrializados		FCG					FCS
	Indicador: Participação de mercado dos produtos estratégicos nos oito principais países industrializados		FCG					FCS
	Indicador: Participação de mercado do produto líder no resto do mundo		FCG					FCS
Participação de mercado	Iniciativa: Definir alguns produtos de alto potencial, desenvolver e implementar plano para aumentar a participação de mercado nos oito principais países							IPS
	Iniciativa: Desenvolver e implementar plano para aumentar a participação de mercado de produtos já líderes nos oito principais países							IPS
	Iniciativa: Desenvolver e implementar plano para aumentar a participação de mercado de produtos já líderes no restante do mundo							IPS

Prestação de contas

Visão	Indicadores ou iniciativas	Brian Scott CEO	CEOs das unidades de negócios	Shirin Chandra Planejamento	Pat Brown TI/ P&D	Ted Finley Finanças	Gail Locke RH	Níveis inferiores
Imagem	Indicador: Top of mind							FCS
Imagem	Iniciativa: Definir a imagem desejada do XCorp Group e implementar plano para sua promoção	IPG	IPI	IPS				
Cobertura	Indicador: n. de países cobertos		FCG					FCS
Cobertura	Indicador: Países no primeiro lugar (%)		FCG					FCS
Cobertura	Iniciativa: Desenvolver plano para maximizar a cobertura mundial	IPG	IPS					

Inovação	Indicador: Produtos revolucionários de sucesso (%)					FIG			FCS
	Indicador: n. de meses do projeto ao mercado					FIG			FCS
	Indicador: Despesas em P&D (% das vendas)					FIG			FCS
Eficiência operacional	Indicador: Benchmarks excedidos em custo das vendas (%)								FCS
	Indicador: Benchmarks excedidos na produção (%)								FCS
	Indicador: Benchmarks excedidos na distribuição (%)								FCS
Atendimento excepcional ao cliente	Indicador: Índice de satisfação do cliente								FCS
	Indicador: Crescimento de vendas repetidas (%)								FCS
Liderança em tecnologia	Indicador: Vendas de tecnologia revolucionária (%)					FIG			FCS

Prestação de contas

Tratamento excelente dos funcionários	Indicador: n. de candidatos internos qualificados para vagas no XCorp Group						FIG	FCS
	Indicador: Redução da rotatividade indesejável (%)						FIG	FCS

MODELO DE PRESTAÇÃO DE CONTAS PARA A ALTA LIDERANÇA DO XCORP GROUP – página 3								
Visão	**Indicadores ou iniciativas**	Brian Scott CEO	CEOs das unidades de negócios	Shirin Chandra Planejamento	Pat Brown TI/ P&D	Ted Finley Finanças	Gail Locke RH	Níveis inferiores
Tratamento excelente dos funcionários	Indicador: Índice do levantamento do clima organizacional						FIG	FCS
	Iniciativa: Desenvolver um plano para transferir as melhores práticas na área de recursos humanos						IPS	
	Iniciativa: Desenvolver e implementar cultura de excelência	IPG	IPI	IPI			IPS	

Excelente valor para os clientes	Indicador: Índice de retenção do cliente		FCG						FCS
Excelente valor para os acionistas	Indicador: Valor econômico agregado (EVA)	FCS	FCS			FIG			
	Indicador: Valor de mercado agregado (MVA)		FCS			FIG			
	Indicador: Rendimento por ação (EPS)	FCS	FCS			FIG			
Responsabilidade social	Adequação à responsabilidade social corporativa (RSC)		FCS					FCI	

Para concluir a discussão sobre prestação de contas, o Infoman observou: "Agora cada pessoa presente nesta reunião pode ver como se alinhar à visão e à estratégia do XCorp Group. E pode ver como cada elemento da visão e da estratégia é de responsabilidade de alguém. Determinamos ligações interfuncionais entre os vários negócios e definimos a responsabilidade compartilhada."

Brian ficou extremamente satisfeito com o resultado. Ele agradeceu à equipe pela participação e ao Infoman pelo trabalho de facilitação e concluiu a sessão.

PARTE 2

REFORÇANDO O ALINHAMENTO

CAPÍTULO 8

UM SISTEMA PARA O ALINHAMENTO

Duas semanas depois, Brian entrou em um restaurante italiano para almoçar com o Infoman. O Infoman já havia chegado e estava vendo as notícias no smartphone enquanto esperava. Eles se cumprimentaram e pediram o almoço.

"Então, como vão as coisas? Você acha que seu pessoal está apoiando a estratégia que definimos juntos?", quis saber o Infoman.

"Muito obrigado pela ajuda. Agora me sinto muito mais à vontade com a integração da minha equipe e o nível de comprometimento deles", Brian disse.

"Você acha que o nível de alinhamento da sua equipe com você melhorou?", indagou o Infoman.

"Sim, sem dúvida. Dá para sentir que a minha equipe está mais unida. Nossa tomada de decisões parece mais eficaz e oferecemos menos resistência às ações."

"Fico feliz em saber disso", comentou o Infoman. O garçom chegou com a comida e eles comeram em silêncio por alguns minutos.

"Você sabe que o que vocês realizaram até agora é espetacular. Definida a prestação de contas, agora as pessoas sabem com clareza qual é seu papel em relação aos indicadores críticos. Mas essa é só uma parte do cenário completo. Gostaria de dar um pequeno vislumbre de outro aspecto do alinhamento que é crucial para fortalecer, melhorar e apoiar o alinhamento. Ele envolve dois processos-chave chamados de *processo de resultados da equipe* e *processo de resultados verticais*."

"Agora fiquei intrigado", disse Brian. "Dois processos para resultados! Como eles se encaixam no quadro geral?"

"No processo de resultados da equipe, cada gestor (líder de equipe) de uma equipe se reúne com os colaboradores para decidir maneiras de melhorar o scorecard do líder de equipe."

"Espere aí", interrompeu Brian. "Eles conversam sobre os indicadores do líder de equipe?"

"Sim, e é por isso que esse processo não tem igual. O foco é de baixo para cima, e todos são consultados e agem para melhorar os resultados do líder de equipe. Isso faz com que a reunião da equipe se concentre no futuro e ajuda a unir a equipe em torno de um objetivo comum. O processo de resultados da equipe substitui muitas reuniões em que cada indivíduo faz um longo relato de sua performance no passado e os outros muitas vezes só fingem estar ouvindo."

Brian sorriu: "Temo que seja assim mesmo. E o que é o processo de resultados verticais?"

"O processo de resultados verticais é como a outra face da moeda. Nesse caso, um gestor e seu subordinado direto se reúnem individualmente para avaliar o scorecard do colaborador. O gestor orienta o colaborador para ajudá-lo a se tornar mais competente e bem-sucedido. Com o processo de resultados verticais, cada colaborador recebe a atenção de que precisa e cada indicador recebe a atenção de que precisa."

"Em muitas organizações", prosseguiu ele, "as pessoas têm uma avaliação anual de desempenho, uma das poucas ocasiões em que o chefe dedica verdadeira atenção à performance delas". Brian concordou. "Com um processo de resultados verticais, o líder se envolve no dia a dia e se compromete a ajudar o colaborador a ter sucesso. Dessa forma, o processo proporciona grande aumento de produtividade."

"Nós já temos reuniões mensais para avaliar os resultados", comentou Brian, "mas o que você está propondo parece ir além".

"Isso mesmo. Pela minha experiência, reuniões mensais de avaliação dos resultados (algumas vezes, chamadas de rituais de gestão) frequentemente enviam a seguinte mensagem: 'Consiga os resultados ou estará fora do jogo.' Com o processo de resultados da equipe e o processo de resultados verticais, vocês obterão resultados melhores porque esses processos se complementam e vocês dedicarão atenção vital aos maiores impulsionadores da performance: seu pessoal."

"Ao combinar os dois processos – o processo 'focado de baixo para cima' dos resultados da equipe e o processo 'focado de cima para baixo' dos resultados verticais –, vocês criam uma cultura em que a performance que sustenta o alinhamento é reforçada."

"Humm...", comentou Brian, "só estou pensando em quem encabeçaria a implementação desses dois processos em nossa organização".

"Precisamos de um gerente de projeto de alta hierarquia", foi a resposta, "que assegurará o êxito desse processo gerencial".

"Eu sei! Estou pensando em Paul Harris para isso. Ele é um dos nossos diretores. Ele tem uma boa experiência com estratégia, mensuração e gestão de mudanças. Vou conversar com ele e ver se não gostaria de assumir a liderança desse projeto."

"Seria ótimo se ele aceitasse. Eu o ajudarei a preparar a organização providenciando três importantes prerequisitos: *informações, competência* e *cultura*."

"Parece empolgante! Agora, que tal uma sobremesa?"

CAPÍTULO 9

INFORMAÇÕES

David Anderson, o novo CEO da TechCorp, e Brian Scott estavam em um avião voltando de uma feira do setor. David era um homem alto, com pouco mais de 40 anos, cabelos louros curtos e olhos castanhos. Ele fora recrutado depois de meses de busca. Brian ficara particularmente impressionado com as credenciais e a experiência dele, bem como com sua atitude positiva e confiante.

Mas David teve muitas dificuldades no primeiro mês na Tech-Corp. Ele estava até ficando com uma aparência abatida enquanto trabalhava cada vez mais na tentativa de se estabelecer na nova posição. Brian viu que seu novo CEO estava se sentindo sobrecarregado e o acompanhara naquela viagem para conversar um pouco com ele e oferecer ajuda. Mas eles acabaram tão ocupados com os clientes potenciais na feira que foi só no voo de volta que tiveram a chance de conversar com relativa tranquilidade.

"Ele parece exausto", Brian pensou enquanto dava uma olhada em David, sentado ao seu lado no voo vindo de Los Angeles. "O que será que o está estressando tanto?"

"Como vão as coisas em seu novo emprego?", perguntou ele de maneira casual.

David se sentiu dividido. Ele não sabia se deveria arriscar ser sincero com Brian e pedir ajuda ou deveria tentar fingir que tudo ia bem.

Ele se lembrou das palavras de seu médico aconselhando-o a relaxar um pouco e tentar reduzir o estresse. "Bom, lá vai", disse para si mesmo, "talvez seja melhor pedir alguns conselhos".

"Obrigado por perguntar, Brian", começou ele. "Sinceramente, estou passando por algumas dificuldades."

"Conte-me sobre elas", pediu Brian, com um sorriso gentil. "Não costumo me deixar intimidar por desafios e nós dois estamos do mesmo lado, você sabe."

"Sim, é claro." David começou a relaxar um pouco. "Talvez eu esteja esperando demais e tentando fazer coisas rápido demais, mas estabeleci um prazo apertado para me familiarizar com a situação da TechCorp e adquirir mais confiança para agir. Tenho estudado os indicadores financeiros e passado muito tempo com o meu pessoal. Acho que estou progredindo. Mas fico me deparando com problemas persistentes. Quando peço informações específicas, recebo uma montanha de informações, muito mais do que sou capaz de absorver. Então preciso examinar todos os dados para encontrar o que preciso. Faz sentido?"

As palavras de David trouxeram à tona uma enxurrada de memórias. Brian se lembrou de como se sentira sobrecarregado quando assumiu o cargo de CEO da XCorp.

"Bom, posso dizer que você solucionou um mistério para mim!", disse Brian.

"Que coisa estranha de se dizer", pensou David. "E que mistério é esse?", indagou ele.

"Agora sei por que você me parece tão familiar: você sou eu cinco anos atrás! Paul Harris ainda não entrou em contato com você?", perguntou Brian.

"Quem é Paul Harris?"

"O gerente de projeto do nosso sistema de alinhamento", foi a resposta. "Estou quase certo de que ele tem a solução para o seu problema."

"Ah, sim, ele deixou algumas mensagens", lembrou David, "mas ainda não tive tempo de marcar uma reunião com ele".

"Bom, arranje tempo! Preciso que você fique em dia em relação aos retiros que conduzimos para alinhar a prestação de contas à visão e à estratégia do Grupo."

"Bom saber disso. Vou dar um jeito de falar com Paul Harris assim que voltar ao escritório." David se voltou para sua revista enquanto Brian tirava um cochilo.

"Como é que essa pessoa pode ter a solução para o meu problema?", David pensou. "Bom, se o chefe diz... talvez valha a pena tentar."

No dia seguinte, David enviou um e-mail a Paul. "Desculpe a demora do retorno. Quando você poderia passar no meu escritório?"

Paul respondeu que estaria lá na manhã seguinte, às 10 horas. David confirmou o horário e se dirigiu a uma reunião com seu CFO.

Paul chegou pontualmente às 10 horas do dia seguinte, levando consigo apenas um laptop. Ele sorriu enquanto apertou firmemente a mão de David.

"É um pouco estranho", começou David, "porque sinceramente não sei ao certo por que você está aqui, além do fato de eu ter lhe pedido para vir. Quero dizer...".

"O que você quer dizer", interrompeu Paul afavelmente, "é que está se perguntando por que diabos Brian pediu que você falasse comigo. Não é isso?".

"Em resumo... sim, é isso", respondeu David. Os dois caíram na risada. "Bem, uns cinco anos atrás, Brian se viu em uma situação bem parecida com a que imagino que você esteja agora. 'Sobrecarga de informações', certo?"

"Nunca pensei nessa expressão exata, mas acho que ela descreve muito bem a minha situação", retrucou David, intrigado.

Paul continuou. "Quando Brian estava se digladiando com informações demais vindas de um número grande demais de fontes, tentando descobrir 'em que pé estava' e separar os dados importantes dos menos importantes, o que o salvou foi um sistema chamado '*Gerência de uma página*', conhecido no Grupo como GUP. Ele implementou esse sistema na XCorp, que hoje é a XCorp US, e o sistema continua sendo utilizado até hoje. Hoje, estou atuando como gerente de projeto, para divulgar os conceitos da GUP e explicar como ela evoluiu para se transformar no processo de alinhamento."

"O que exatamente é a GUP ou o processo de alinhamento? E como isso pode me ajudar?", David quis saber. "Reservei uma hora para a nossa conversa, então, se você tiver tempo, adoraria saber mais a respeito."

"Claro", disse Paul. "Na verdade, sou apaixonado pelo assunto."

Ele se acomodou em uma cadeira e abriu o laptop. "A GUP se baseia na premissa de que as informações mais críticas para sua função deveriam vir a você automaticamente, sem que você precise pedir. Munido das informações básicas, você deve poder acessar informações adicionais de apoio por meio de um software de fácil utilização. O que cada pessoa precisa receber automaticamente, é claro, são as informações sobre o status das *iniciativas* e dos *fatores críticos de sucesso*. Tudo bem até aqui?"

"O que quer dizer com iniciativas e fatores críticos de sucesso?", indagou David.

"Como resultado de um processo de prestação de contas iniciado pela equipe de Brian, cada pessoa da organização agora é responsável por um conjunto claramente definido de indicadores de processo e iniciativas estratégicas. Os *fatores críticos de sucesso* se referem aos indicadores de processo pelos quais uma pessoa é responsável por prestar contas. Em outras palavras, o sucesso da pessoa é medido por esses indicadores."

David fez que sim com a cabeça.

"Nós pegamos esses indicadores", prosseguiu ele, "e os incluímos em um scorecard individual customizado de uma página para cada gestor que chamamos de *Relatório de Foco*. Todos os meses, o status dos indicadores dos Relatórios de Foco é automaticamente comparado às metas pelo sistema e um segundo relatório de uma página, chamado de *Relatório de Retroalimentação*, é gerado para o gestor. Feito isso, os Relatórios de Retroalimentação de todos os indivíduos permitem que o sistema gere um terceiro relatório para os gestores, que chamamos de

Relatório de Gerência. Assim, cada gestor recebe três relatórios que reduzem a sobrecarga de informações – um Relatório de Foco, um Relatório de Retroalimentação e um Relatório de Gerência".

"O Relatório de Foco", prosseguiu Paul, "o ajuda a se autogerenciar. O Relatório de Retroalimentação o ajuda a se concentrar ainda mais nas boas e más notícias sobre sua performance. Mas o relatório que considero mais empolgante é o Relatório de Gerência. Esse relatório informa a performance de seus colaboradores diretos e indiretos em todos os indicadores *deles*. O objetivo desse relatório é a gestão por exceção – tanto positiva quanto negativa. As pessoas que apresentam um desempenho aceitável são incluídas nesse relatório. Mas o relatório mostrará as pessoas com um desempenho brilhante e aquelas que estão passando por dificuldades. O interessante é que você pode estabelecer os critérios para determinar até que ponto uma exceção deve ser positiva ou negativa, boa ou ruim, para ser incluída em seu relatório. Então, por exemplo, Joe Black, supervisor, pode ter um grande problema com produtos devolvidos pelos clientes. Ele terá algumas semanas ou meses para resolver a questão. Se não conseguir, o chefe será informado da dificuldade. O chefe, por sua vez, terá um período predeterminado para ajudar Joe a resolver a situação. Se o problema persistir, o próximo nível acima será informado e assim por diante, subindo pela hierarquia. Se o problema for realmente grave e ninguém conseguir resolvê-lo, então *você* vai querer ficar sabendo, já que provavelmente se trata de um problema sistêmico fora do controle do pobre Joe Black, que está sendo responsabilizado pela situação. Quando é informado do problema, você sabe que todo mundo já fez o possível para solucioná-lo e agora você tem a chance de intervir para lidar com a dificuldade."

"Você está tentando me dizer que eu saberei o que se passa com todo o meu pessoal, individualmente, em toda a TechCorp e que serei alertado quando houver um problema, mesmo que ele ocorra quatro níveis abaixo de mim?"

"É exatamente o que estou dizendo e, além disso, você também ficará sabendo das boas notícias. Você tem ideia de como é comum, nas organizações, os chefes ficarem com os créditos e os colaboradores serem deixados com a culpa? Bom, isso não acontece com a GUP, porque a performance está lá, para todo mundo ver, tanto no caso de uma performance espetacular quanto no caso de uma performance insatisfatória."

"Incrível! Bom demais para ser verdade."

"Bom, é incrível e também é verdade, pode acreditar."

"Quem prepara esses relatórios?", David quis saber.

"O computador", foi a resposta. "Um software baseado na web é instalado em nosso servidor e vinculado a todos os nossos bancos de dados. Esse software disponibiliza os relatórios a todos os gestores pela nossa intranet."

Paul prosseguiu: "Sua organização já passou por um processo de definição de prestação de contas e definição de metas. Agora estamos incluindo as alocações de responsabilidades pela prestação de contas nesse software conhecido como TOPS, ou *Software de Uma Página*. Quando todas as definições e os dados tiverem sido inseridos no TOPS, você poderá fazer seu trabalho com os três Relatórios de Uma Página com a tranquilidade de saber que, se algo crítico estiver acontecendo na TechCorp, com certeza será informado!"

Paul recostou-se na cadeira, sorrindo. Ele adorava ver a expressão de incredulidade no rosto das pessoas que entravam em contato com o conceito do sistema pela primeira vez.

"Tenho aqui alguns exemplos dos relatórios do senhor Scott. Ele me deu permissão para lhe mostrar os relatórios a título de exemplo. Gostaria de vê-los?"

"Claro", respondeu David.

Paul mostrou os Relatórios de Foco de Brian que resultaram da sessão de prestação de contas com os altos executivos do XCorp Group.

Informações

Relatório de Foco para Brian Scott – período com conclusão em 30 de junho								
Componentes da visão	Iniciativas ou fatores críticos	Tipo	Peso	Status	Meta mínima	Meta satisfatória	Meta excelente	Tendência
Tamanho do XCorp Group	Vendas totais (bilhões de US$)	FCG	20	8,5	9	12	14	Nenhuma
Tamanho do XCorp Group	Elaborar um plano para maximizar as sinergias visando aumentar as vendas	IPG	10	87	85	90	95	Nenhuma
Cobertura	Desenvolver plano para maximizar a cobertura mundial	IPG	10	80	85	90	95	Nenhuma
Tratamento excelente dos funcionários	Desenvolver cultura de excelência	IPG	20	92	85	90	95	Nenhuma
Excelente valor para os acionistas	EVA (bilhões de US$)	FCS	25	0,4	0,2	0,30	0,8	Boa
Excelente valor para os acionistas	EPS ($)	FCS	15	30	35	40	50	Nenhuma

105

David passou alguns minutos analisando o relatório. Ele confirmou que o chefe era orientado aos resultados quando notou que o EVA e o EPS receberam um peso combinado de 40%. Mesmo assim, ele se perguntou por que Brian escolhera esses indicadores específicos das centenas de indicadores que estavam sendo mensurados na empresa. "Quais critérios Brian usou para elaborar esse relatório?", perguntou ele a Paul.

"Alinhamento", foi a resposta. "O relatório está alinhado à visão e à estratégia no sentido de que as duas primeiras colunas correspondem exatamente às duas primeiras colunas da planilha do alinhamento que chamamos de Modelo de Prestação de Contas, desenvolvido no processo de definição da prestação de contas pela equipe de Brian. Isso foi antes de você entrar na empresa. A terceira coluna do relatório mostra o tipo dos fatores atribuídos a Brian. A quarta coluna apresenta o peso relativo dos fatores, exibindo sua importância relativa no progresso da estratégia para Brian. As quatro colunas restantes mostram o status real do fator para o período com conclusão em 30 de junho, além de três níveis de metas: mínimo, satisfatório e excelente. A última coluna reflete a tendência, determinada de acordo com os dados históricos do fator."

"Estou certo", prosseguiu Paul, "de que Brian o colocará a par dos encontros estratégicos conduzidos antes da sua entrada na empresa. Quando isso acontecer, você poderá ver o alinhamento preciso desse relatório com a visão e a estratégia. Ele explicará alguns termos com os quais você ainda não está familiarizado".

David estava intrigado. O relatório deixava claro o que era mais importante para Brian. Ele sabia que o que era importante para o chefe também deveria ser importante para ele. "Será que daria para me mandar este relatório por e-mail?", ele quis saber.

Informações

"Prefiro que você peça diretamente a Brian", respondeu Paul. "Mas fico feliz em ver que você se interessou pelo Relatório de Foco. Gostaria de ver o segundo relatório?"

"Sim, por favor!"

"Eis um exemplo do segundo relatório, o Relatório de Retroalimentação. Note como as exceções positivas e negativas estão diferenciadas."

Relatório de Retroalimentação para Brian Scott – período com conclusão em 30 de junho							
Boas notícias: você atingiu suas metas							
Iniciativas ou fatores críticos	Tipo	Status	Meta satisfatória	n. de períodos consecutivos	Exceção reportada a:	Tendência
Desenvolver cultura de excelência	IPG	92	90	4	Conselho de administração	Nenhuma
EVA (bilhões de US$)	FCS	0,40	0,30	2	Ninguém	Boa
Você está com problemas: pense em uma solução criativa							
Iniciativas ou fatores críticos	Tipo	Status	Meta mínima	n. de períodos consecutivos	Exceção reportada a:	Tendência
Vendas totais (bilhões de US$)	FCG	8,5	9	2	Ninguém	Nenhuma
EPS	FCS	30	35	1	Ninguém	Nenhuma
Desenvolver um plano para maximizar a cobertura mundial	IPG	80	85	2	Ninguém	Nenhuma

"O status real de cada linha do Relatório de Foco é analisado em relação às metas pelo software." Paul prosseguiu. "Se o status for melhor que a meta satisfatória, ele é mostrado na parte de cima deste segundo relatório e, se for pior que o nível mínimo, ele é apresentando na parte de baixo do relatório. Além disso, o relatório inclui o número de períodos consecutivos de exceção e informa se a exceção foi ou não relatada aos níveis superiores da organização. No caso de Brian, o CEO, nenhuma exceção foi reportada para cima."

"Como Brian reagiu ao ver esse relatório com três exceções negativas?", perguntou David.

"Muito bem", foi a resposta. "É claro que ele não está satisfeito com a performance nada brilhante desses três indicadores, mas prefere ficar sabendo dos problemas para poder lidar com eles."

David estava imerso em seus pensamentos, refletindo sobre possíveis planos de ação que Brian poderia arquitetar para eliminar as exceções negativas e transformá-las em positivas. Paul quebrou o silêncio perguntando: "Você gostaria de ver o Relatório da Gerência dele?"

"Sim, com certeza."

"Para que você entenda a amostra do Relatório da Gerência de Brian que estou prestes a apresentar, seria interessante repassarmos o organograma da empresa e a estrutura básica do relatório. Este é o organograma."

"Como você sabe, Brian tem oito pessoas se reportando a ele, quatro CEOs das unidades de negócios e quatro executivos de staff", Paul explicou. "Agora gostaria de explicar a estrutura do Relatório da Gerência. Como o diagrama mostra, esse relatório tem quatro zonas", disse Paul, apontando para o relatório.

Relatório de Gerência

Pessoas que se reportam indiretamente a você vários níveis abaixo	Pessoas que reportam diretamente a você um nível abaixo
Zona 1: Positiva	Zona 2: Positiva
Destaques de performance excelente de pessoas vários níveis abaixo	Destaques e detalhes de boa performance de subordinados diretos
Zona 3: Negativa	Zona 4: Negativa
Destaques de problemas crônicos de performance vários níveis abaixo	Destaques e detalhes de problemas de performance dos subordinados diretos

"Como você pode ver, as quatro zonas são agrupadas em duas seções: o lado direito e o lado esquerdo. O lado direito está reservado a exceções de pessoas que se reportam diretamente a você. O lado esquerdo é dedicado a exceções de pessoas que se reportam indiretamente a você, mais de um nível abaixo. Agora, aqui está o Relatório da Gerência", anunciou Paul. "Naturalmente, Brian me deu permissão para mostrá-lo a você."

Relatório da Gerência para Brian Scott – período com conclusão em 30 de junho

Boas notícias de vários níveis abaixo

Nome	Iniciativas ou fatores críticos	n. de períodos consecutivos
John Daley	Índice de satisfação do cliente – XCorp US	8
Emily Jones	Crescimento das vendas – Cellular (%)	6

Boas notícias de um nível abaixo

Nome	Iniciativas ou fatores críticos	Tipo	Status	Meta satisfatória	n. de períodos consecutivos	Tendência
David Anderson	EVA – TechCorp (bilhões de US$)	FCS	1,8	1,5	3,00	Boa
Don Turner	Crescimento de vendas repetidas (%)	FCG	25	20	5	Boa

Desafios enfrentados por vários níveis abaixo

Nome	Iniciativas ou fatores críticos	n. de períodos consecutivos
Kit Bowers	Vendas no nordeste – IES	7
Tony Rowe	Índice de satisfação do cliente – IES	10

Desafios enfrentados por um nível abaixo

Nome	Iniciativas ou fatores críticos	Tipo	Status	Meta mínima	n. de períodos consecutivos	Tendência
Shirin Chandra	Análise do potencial de crescimento natural existente	IPS	75	85	3	Nenhuma
Gail Locke	Desenvolvimento de plano para transferir as melhores práticas na área de recursos humanos	IPS	78	85	4	Ruim

Informações

David passou um bom tempo analisando o relatório. Ele olhou imediatamente para o lado direito e ficou satisfeito ao ver seu nome no lado positivo do relatório e ao confirmar a própria avaliação de que sua área não estava apresentando uma performance tão ruim no que se refere ao EVA. Seu nome não foi mencionado na zona negativa no lado direito e ele ficou aliviado. Ele ficou surpreso ao ver apenas alguns nomes no lado direito do relatório.

"O organograma mostra oito pessoas se reportando a Brian...", comentou ele, "mas como só existem quatro nomes no lado direito do relatório?"

"Boa pergunta", observou Paul. "Os indicadores do Relatório de Foco dos outros apresentam uma performance na zona esperada, a zona entre os níveis mínimo e satisfatório. Mesmo se os Relatórios de Retroalimentação deles apresentassem exceções positivas ou negativas, as exceções poderiam ter sido exceções de primeira incidência, e essas exceções não constam dos Relatórios da Gerência."

A explicação pareceu razoável. David olhou para o lado esquerdo do relatório mas não reconheceu nenhuma das pessoas da lista. Paul observou que o lado esquerdo mostrava exceções recorrentes de pessoas que se reportavam indiretamente a Brian em qualquer uma das empresas de propriedade do XCorp Group.

David ficou bastante impressionado. "Com que frequência eu receberia esse tipo de relatório?"

"Eles podem ser mensais, semanais ou diários. Você decide. No seu nível, eles provavelmente seriam mensais. Você gostaria de ver alguns outros recursos do software, além dos relatórios?"

"Quero sim!", respondeu David, empolgado.

"Vou lhe mostrar alguns recursos que acho que você vai gostar."

Paul mostrou a David como era possível clicar em cada entrada do relatório, acessando mais informações sobre o item. Por exemplo, clicar na informação de tendência de um FCS exibia um gráfico mostrando a performance de todos os meses do presente ano sobreposta com a performance do ano anterior. Clicar no nome de uma pessoa exibia sua foto e seu histórico.

Depois de 15 minutos mostrando a David os recursos do software, Paul se levantou para se despedir.

"Preciso ir. Tenho outra reunião em alguns minutos. O próximo passo para você é montar uma equipe interna para trabalhar com a gente. Essa equipe deve incluir uma pessoa encarregada dos dados. Poderemos incluir sua organização no sistema em uma ou duas semanas e, feito isso, vamos precisar alimentar o sistema com todos os dados disponíveis."

"Mando notícias amanhã mesmo", respondeu David. "Essa ferramenta será de grande ajuda. Muito obrigado por vir passar esse tempo todo comigo."

"Sem problema", respondeu Paul. "Agora você acha que tem a solução para sua 'sobrecarga de informações'?", perguntou ele com um sorriso.

"Jamais teria acreditado nisso, mas estou certo de que tenho a solução! Muito obrigado!"

CAPÍTULO 10

COMPETÊNCIA

G ail Locke chegou a Chicago para presidir uma conferência de gestores de RH do XCorp Group. Ela fez o check-in no hotel e foi ao segundo andar para ver se tudo estava em ordem.

Na manhã seguinte, 30 gestores de RH dos vários negócios do XCorp se reuniram para se informar dos mais recentes avanços em sua área de atuação. Os dois palestrantes da manhã foram excelentes. Depois do almoço, Gail apresentou Jane Baker, uma colega do Infoman. O tema da palestra dela era *Melhoria da Competência*.

Jane se levantou e cumprimentou a todos com um sorriso cordial. "Espero que vocês gostem desta sessão e se beneficiem dela", começou ela. "Gail me contou que vocês já foram orientados em relação ao alinhamento à visão e à estratégia. Hoje nos concentraremos em um novo conceito de competência e como ela se relaciona aos fatores críticos. Este é um resumo do processo sobre o qual falaremos." Ela projetou um slide na tela:

Processo de quatro passos para a melhoria da competência

PASSO 1
Identificação das habilidades críticas

PASSO 2
Avaliação dos níveis de competência

PASSO 3
Discussão sobre o desenvolvimento

PASSO 4
Aprimoramento das habilidades e acompanhamento

"Como todos sabemos, nossa meta é melhorar os fatores críticos do Relatório de Foco de cada pessoa. Isso requer melhorar a competência em algumas habilidades cruciais de cada indivíduo. No processo ao qual nos dedicaremos agora, falaremos sobre a identificação das habilidades necessárias, a avaliação do nível de competência em cada uma delas e o aprimoramento da competência – o que, por sua vez, deve afetar positivamente a performance."

Uma das participantes levantou a mão e disse: "Na minha opinião, o nível de habilidade de uma pessoa pode ser avaliado simplesmente analisando os resultados do indicador. Para que percorrer todos esses passos?"

"Boa pergunta", assinalou Jane. "Sim, os resultados de um indicador podem ser uma sinalização precisa do nível de habilidade de uma pessoa. Mas eles também podem ser consequência de muitos outros fatores, como uma mudança no ambiente externo – por exemplo, flutuações cambiais – ou as ações de outra pessoa. Ao identificar e avaliar as habilidades essenciais necessárias para o indicador, poderemos criar parâmetros de referência de onde a pessoa se encontra atualmente e traçar um plano para melhorar a competência."

Passo 1: Identificação das habilidades críticas

Jane prosseguiu: "Uma habilidade é a capacidade de executar uma ação repetível – quero dizer, que pode ser repetida – para produzir um resultado uniforme e mensurável. Nosso maior interesse será naquelas habilidades que tiverem impacto direto sobre os fatores críticos atribuídos à pessoa. Chamarei essas habilidades de *habilidades críticas*. Os gestores devem analisar os Relatórios de Foco de seu pessoal e ajudar seus colaboradores a identificar algumas habilidades críticas para seu cargo. Essas habilidades críticas podem ser específicas ao setor ou mais genéricas, dependendo dos fatores críticos."

"Cada habilidade crítica pode ser segmentada em ações específicas. Isso aumenta a precisão e o interesse da avaliação da habilidade. Vamos começar analisando o exemplo da habilidade crítica 'entrevistar candidatos a emprego'. Vamos segmentar essa habilidade em ações repetíveis específicas, ou *descritores*:

1. Explicar com clareza os requisitos do cargo.
2. Analisar o histórico do candidato.
3. Fazer perguntas relevantes.
4. Criar um ambiente descontraído.
5. Reconhecer talentos e
6. Verificar a adequação do candidato à cultura da empresa."

Jane fez uma pausa para verificar se todos haviam entendido o conceito das habilidades cruciais e dos descritores. Ninguém tinha perguntas ou comentários.

Passo 2: Avaliação dos níveis de competência

"Sei que vocês já conhecem muitas técnicas de avaliação de competência", prosseguiu Jane. "Uma abordagem é aplicar um teste para avaliar o treinamento que uma pessoa recebeu sobre uma habilidade específica. Outra é observar a pessoa aplicando a habilidade e pontuar sua performance utilizando checklists sofisticados. Uma terceira abordagem consiste em identificar níveis de desenvolvimento ou níveis de maturidade de acordo com a competência e a motivação. Todos esses métodos podem ser úteis, mas muitas vezes são complexos demais. Hoje eu gostaria de apresentar a vocês um método diferente – um método ao mesmo tempo simples e eficaz."

"Um jeito prático de determinar um parâmetro de referência para o aprimoramento das competências é aplicando um método de avaliaçao com duas variáveis: *esforço* e *supervisão*. Uma pessoa pode ser considerada plenamente competente quando é capaz de fazer um trabalho de qualidade aplicando a habilidade com menos esforço do que o necessário em relação à média dos funcionários do setor e com uma supervisão mínima."

"Por outro lado", prosseguiu Jane, "quando muito esforço é necessário para realizar determinada tarefa com qualidade ou se muita supervisão for necessária, a pessoa tem um baixo nível de competência. Este é um diagrama de avaliação da competência que faz com que a análise seja bastante simples e clara".

Diagrama de competência

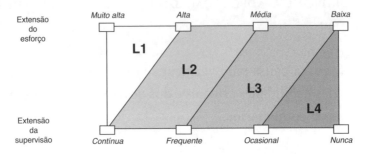

"A medida da supervisão se baseia na necessidade da pessoa, e não no que ela efetivamente recebe. Alguns gestores proporcionam equivocadamente supervisão contínua a um colaborador que só precisa de supervisão ocasional."

Jane projetou um resumo dos níveis de competência na tela:

L1 É UM NÍVEL DE COMPETÊNCIA MUITO BAIXO.
L2 É UM NÍVEL DE COMPETÊNCIA BAIXO.
L3 É UM NÍVEL DE COMPETÊNCIA MÉDIO.
L4 É UM NÍVEL DE COMPETÊNCIA ALTO.

"Mas não se esqueçam", alertou Jane, "de que vocês só estão avaliando a competência em determinadas habilidades e que uma pessoa pode ser altamente competente em uma habilidade e apresentar uma competência insuficiente em outra. Outro ponto que eu gostaria de enfatizar é que estamos avaliando a habilidade, não a pessoa".

"Para ver como o modelo funciona na prática, vamos dar uma olhada em um exemplo. Alguém poderia dar um exemplo de uma habilidade?", perguntou Jane.

"Que tal as mesmas habilidades de entrevista que vimos antes?", sugeriu Patrick, gerente de RH.

"Ótimo", observou Jane. "Isso nos poupará tempo porque já identificamos os descritores. Para avaliar a competência do entrevistador nessa habilidade, o chefe aplicará um questionário para identificar dois fatores: o nível de esforço da pessoa em uma escala de *alto*, *médio* ou *baixo* e o nível de supervisão necessário, em uma escala de *alto*, *médio* ou *baixo*."

"Ao transferir a pontuação ao diagrama, é possível verificar se a habilidade é predominantemente L1, L2, L3 ou L4. Por exemplo, se o nível de esforço for algo entre médio e alto e o nível de supervisão for frequente, o diagrama indica que a habilidade está na zona L2."

"O que acontece", perguntou um participante, "quando a pessoa se esforça muito mais do que o necessário e recebe supervisão mínima? Como o diagrama ajudaria a identificar o nível de capacidade dessa pessoa?"

"Boa pergunta", observou Jane. "Quando essa situação ocorre, o gestor e seu colaborador terão de conversar para chegar a um acordo quanto a um parâmetro de referência para a competência usando o diagrama como um guia. Nessa situação, L4 seria eliminado porque não é possível ser altamente competente se você está se esforçando muito mais do que o necessário. Quanto à ausência de supervisão, se a pessoa precisar de orientação e não estiver recebendo porque o chefe não tem tempo suficiente, o nível de habilidade poderia ser L2 ou até L1. O diagrama proporciona uma referência para orientar a conversa e um guia para decidir o nível de competência."

Passo 3: Discussão sobre o desenvolvimento

"O objetivo da avaliação inicial de competência é coletar informações para conversar sobre o desenvolvimento", explicou ela. "A discussão sobre o desenvolvimento é um diálogo entre um gestor e seu colaborador sobre o desenvolvimento das habilidades – definir os parâmetros de referência e traçar um plano para passar de um nível ao próximo."

"É claro que essa primeira conversa deve ser seguida de conversas de acompanhamento. Por ora, vamos falar sobre a primeira conversa. Mais tarde, vocês verão como essa discussão se tornará parte integrante do processo que chamamos de *processo de resultados verticais*, que é uma sessão individual periódica entre o colaborador e seu chefe. As conversas do processo de resultados verticais se concentrarão nos planos que vocês desenvolveram na primeira conversa, no aprendizado resultante das medidas tomadas e nos ajustes necessários para melhorar o plano."

"Uma *Tabela de Competência* é usada para manter o foco da conversa inicial. Essa tabela inclui todas as habilidades cruciais avaliadas de uma pessoa, mostrando tanto a avaliação realizada pelo chefe quanto a autoavaliação. Ela constitui uma pauta para discutir as razões por trás da diferença entre as duas avaliações, se for o caso. A tabela também apresenta campos para incluir uma avaliação do parâmetro de referência para cada habilidade e um plano de aprimoramento." Dito isso, Jane mostrou um exemplo da Tabela de Competência.

Tabela de Competência					
Habilidade crítica	Avaliação		Nível de concordância	Plano de aprimoramento	Prazo
	Autoavaliação	Avaliação do chefe			

"Essa tabela servirá para facilitar a comunicação. As pessoas podem utilizá-la para comparar sua autoavaliação das habilidades com a avaliação feita pelo chefe. Em mais de 80% das vezes, as duas avaliações são iguais. Nas outras situações, o modelo abre um importante canal de diálogo e permite que o chefe e o colaborador decidam juntos o parâmetro de referência para a habilidade."

Passo 4: Aprimoramento das habilidades e acompanhamento

Jane continuou explicando: "O plano para o desenvolvimento das habilidades ajudará o colaborador a aprimorar cada habilidade e levá-la ao próximo nível de desenvolvimento. As habilidades são aprimoradas *obtendo conhecimento, praticando a aplicação do conhecimento, recebendo feedback* e *aplicando o feedback*".

"Hoje em dia", explicou Jane, "é muito mais fácil obter conhecimento do que no passado. A internet proporciona um recurso de valor inestimável. Além disso, cursos internos também podem ser disponibilizados. Naturalmente, o conhecimento também pode ser obtido de um mentor ou um expert".

"A prática vem depois do conhecimento e é seguida do feedback. O colaborador deve receber feedback de uma pessoa qualificada responsável por observar a aplicação da habilidade. O feedback deve ser imediato, contínuo e honesto, e isso se aplica tanto ao feedback positivo quanto ao negativo. Quando o colaborador aplica o feedback recebido, seu nível de habilidade aumenta e seu aprendizado melhora. Por meio do ciclo contínuo de aprendizado – ação, feedback e ação baseada no feedback –, o colaborador pode avançar a níveis cada vez mais elevados de competência."

Enquanto os participantes refletiam sobre o que foi dito, Gail Locke levantou a mão. "Esse modelo presume que o aprimoramento da competência resulta da implementação de planos desenvolvidos por um colaborador e seu chefe. Parece que vocês estão tirando do RH a responsabilidade pelo desenvolvimento de competências e colocando-a nas mãos dos gerentes de linha. Sinceramente, sinto que isso ameaça minha área."

"Não deveria, Gail, porque o modelo só serve para promover as metas que os departamentos de RH já estabeleceram. Na verdade, o que estamos fazendo é livrando vocês dessa dor de cabeça e atribuindo a responsabilidade aos colaboradores, com a responsabilidade secundária sendo atribuída ao chefe de cada colaborador. O RH atuará como um influenciador indispensável para ajudá-los no processo de melhoria da competência. Na verdade, isso deveria ser recebido como um enorme alívio para seu departamento", comentou Jane.

Depois de responder a mais algumas perguntas, Jane concluiu a sessão.

* * *

Grace Palmieri, diretora de recursos humanos da XCorp US, foi conversar com Jane. Grace fora promovida a diretora de RH da XCorp US com apenas 27 anos. Ela era criativa, determinada e orientada para o futuro. "Não vejo problemas com sua apresentação", disse ela. "Mas, por favor, me perdoe pela sinceridade. Como diretora de recursos humanos, já vi centenas de planos pretendendo atingir os mesmos objetivos que você descreveu. O que faz com que seu plano seja melhor que os outros?"

Jane ouviu com atenção os comentários de Grace. "O fato de existirem centenas de planos, como você mesma disse, sugere que cada um deles tem um ou outro problema. Eles podem parecer elegantes, mas não se mostram eficazes ao serem aplicados na prática."

"Então, o que diferencia o plano que você descreveu dos planos que já nos foram apresentados?", perguntou Grace.

"Duas coisas", respondeu Jane. "Para começar, o plano que descrevi alinha a competência ao scorecard do colaborador e ele também funciona muito bem na prática."

"Como posso saber que ele funcionará aqui? Nossa situação é muito complexa e singular", Grace explicou sua preocupação.

"Poderíamos conduzir um piloto em uma área", sugeriu Jane.

As objeções de Grace eram sinceras, já que ela estava muito

interessada em uma metodologia para melhorar as competências e queria muito acreditar que o plano de Jane daria certo em sua empresa. Ela convidou Jane para realizar o piloto do processo de melhoria da competência com uma das equipes da XCorp US.

* * *

Grace escolheu uma equipe de vendas da XCorp US para o piloto. A supervisora de vendas era Amanda Watson, uma competente profissional de meia-idade.

Jane conduziu a facilitação do processo de quatro passos para a equipe de oito vendedores de Amanda. Em seguida, ela se ofereceu para acompanhar Amanda em suas conversas sobre o desenvolvimento da competência com seus colaboradores.

"Eu observarei suas conversas e a orientarei quando necessário. É preciso ter determinado conjunto de habilidades para facilitar essas conversas sobre o desenvolvimento", explicou Jane.

Amanda recebeu de bom grado a oferta de Jane e Grace decidiu participar das conversas também, como observadora.

"Preparei uma lista de descritores para facilitar as conversas sobre o desenvolvimento", prosseguiu Jane. "Que tal repassá-la juntas?"

Descritores de habilidades para conversas eficazes sobre o desenvolvimento:

1. Deixar os colaboradores à vontade e ouvi-los com atenção.
2. Ajudar a reduzir as diferenças nas avaliações.
3. Encorajar o colaborador a se responsabilizar pelo desenvolvimento.
4. Concentrar-se nas necessidades de desenvolvimento.
5. Apoiar o desenvolvimento e
6. Comunicar as expectativas em relação à melhoria da competência.

Competência

"Bem, parece-me um processo bastante claro e direto; estou disposta a fazer um teste", comentou Amanda.

"Para quando você agendou a primeira conversa?", perguntou Jane. "Amanhã. Tenho várias conversas agendadas para amanhã, a partir das 10 horas."

"Certo, então até amanhã!", Jane se despediu e partiu.

Às 10 horas do dia seguinte, Amanda conduziu sua primeira conversa com Joyce, vendedora de sua equipe. A conversa não foi exatamente como o planejado. Amanda tinha uma tendência de dominar a conversa e acabou intimidando Joyce. Amanda também se desviava facilmente das questões relativas ao desenvolvimento e se voltava a discutir problemas no trabalho e exigir soluções.

O feedback de Jane a Amanda foi tentar manter a conversa focada no desenvolvimento. Ela lembrou Amanda que seria mais interessante permitir que seus colaboradores se saíssem com os próprios planos de desenvolvimento e depois encorajá-los e ajudá-los a implementar seus planos. O feedback foi proveitoso e a segunda conversa de Amanda, com Greg, foi melhor.

Jane se voltou a Grace e disse: "Foi um bom começo."

"As conversas poderiam ter ido muito melhor", comentou Grace.

"É verdade. Mas, à medida que as habilidades de Amanda melhorarem, a qualidade das conversas também melhorará. Não se preocupe, ela vai pegar o jeito." Jane sorriu.

Jane deu o feedback da segunda conversa de Amanda, reforçando os pontos em que ela apresentou um bom desempenho e o que poderia ser melhor. As duas repassaram juntas os descritores para a habilidade *facilitar uma conversa sobre o desenvolvimento* e Jane esclareceu várias dúvidas. Com isso, Amanda foi se sentindo mais à vontade com o processo.

Ouviu-se uma batida à porta e o próximo colaborador entrou. Amanda estava particularmente nervosa com essa conversa com Tony DeLuca, que ela considerava uma pessoa difícil.

"Vamos ver como será essa conversa", Jane sussurrou para Grace.

Tony era um vendedor bastante arrogante, apesar de sua performance ultimamente ser meramente aceitável. Não tem sido fácil para Amanda supervisionar Tony. A cada vez que Tony saía para uma visita de vendas, ele voltava se vangloriando do excelente trabalho que fizera e se gabando de como o cliente se empolgara com a apresentação. No entanto, ele costumava fechar poucas vendas. Apesar de Amanda ter trabalhado em estreito contato com Tony nos últimos meses e de seu envolvimento ter ajudado na performance dele, ele atribuía qualquer sucesso exclusivamente ao próprio empenho.

No dia anterior, Amanda e Tony concordaram que as habilidades essenciais necessárias para os FCSs de Tony eram: qualificação, redação, apresentação e fechamento. Amanda avaliara as habilidades de Tony utilizando o questionário proporcionado por Jane e os resultados foram:

1. QUALIFICAÇÃO – L2
2. REDAÇÃO – L1
3. APRESENTAÇÃO – L3
4. FECHAMENTO – L1

Tony se autoavaliara como L4 em todos os critérios. Amanda cumprimentou Tony e pediu que ele se sentasse. "Agora que você teve a chance de repassar minha avaliação de suas habilidades, o que você acha, Tony?"

Tony viu que estava numa situação difícil e levou alguns segundos para se recompor.

"Posso ser sincero?"

Competência

"Claro", disse Amanda.

"Acho que esse método de avaliação é simplista demais e não faz sentido algum. Sou totalmente competente em todas as habilidades mencionadas. Se precisar de provas, basta dar uma olhada na venda que fechei no mês passado. Aquela venda foi maior que a de qualquer outro vendedor. Então por que eu precisaria de desenvolvimento? Se você simplesmente deixar que eu continue a fazer o que já estou fazendo, eu ficarei bem."

"Certo, vamos começar comparando minha avaliação com a sua", propôs Amanda. "Como você avaliou suas habilidades de escrita?", perguntou ela.

"L4", foi a resposta.

"Certo. Eu lhe dei um L1", observou Amanda. "Isso mostra que temos uma diferença de opinião. Então, que tal tentarmos entender o ponto de vista um do outro? Por que você acha que escreve bem?"

"Veja bem", Tony começou, "ninguém nunca reclamou das mensagens que recebem de mim e eu gosto muito das mensagens que escrevo".

"Bom, então vou lhe dizer porque lhe dei um L1 pelas habilidades de escrita. Essa habilidade requer boa capacidade de síntese, boa gramática, concisão e foco. Você passa um bom tempo elaborando mensagens de vendas. Já o vi sentado ao seu computador por horas. Mesmo assim, tive de rever todas as suas mensagens antes de elas serem enviadas. Em alguns casos, tive de reescrevê-las completamente. Considerando que você está se esforçando tanto e eu preciso supervisionar constantemente sua escrita, considero que você seja um L1 nessa habilidade."

Tony olhou para o diagrama de competência que Jane lhe entregara. Ele pensou sobre o que a chefe estava dizendo. Ela estava certa.

"Mas como você pode saber com certeza que esse método de avaliação é válido?", ele quis saber.

"Boa pergunta", foi a resposta. "Válido ou não, eu adoraria ver você melhorar suas habilidades de redação até um ponto em que consiga escrever sem esforço. E quero ver uma mensagem redigida por você que eu não precisarei alterar. Se você atingir esses objetivos, será um L4, não importa em que extensão esse método de avaliação seja válido ou não."

"Tony, o que entendo dessa metodologia é que ela se concentra não tanto em avaliá-lo, mas em determinar um parâmetro de referência identificando onde você está hoje para que possamos trabalhar juntos para melhorar." Ela sorriu. "Precisamos de um plano para ajudá-lo a melhorar essa habilidade. Você tem alguma ideia?"

O que Tony nunca contou a Amanda é que ele mal conseguira se formar na faculdade. Ele tivera muita dificuldade em redigir os trabalhos e se lembrou de como discutia com os professores quando recebia notas baixas. Finalmente ele disse: "Talvez eu precise de um curso de redação empresarial."

"Ótima ideia!", exclamou Amanda. "Conheço alguns cursos noturnos. Vou providenciar para que a empresa cubra os custos. O que lhe parece?"

Tony ficou agradavelmente surpreso ao perceber que a empresa o valorizava o suficiente para investir em sua educação.

Amanda e Tony haviam iniciado um processo de melhoria de competência para as *habilidades de escrita*. No entanto, três outras habilidades, *qualificação*, *apresentação* e *fechamento*, ainda precisavam ser discutidas. Eram importantes habilidades para um vendedor e Amanda não via a hora de falar sobre elas. Entretanto, ela não queria sobrecarregar Tony e sentia que ele precisava começar a implementar o plano para melhorar a primeira habilidade antes de eles se voltarem às outras três. Ela agradeceu Tony pela sua franqueza e lhe desejou boa sorte em sua jornada para melhorar suas *habilidades de escrita*.

Depois que Tony saiu da sala, Jane disse a Amanda: "Excelente trabalho, Amanda! Foi uma situação muito difícil e você lidou com ela com muita elegância. Adorei ver o jeito como você virou a mesa. Uau! Que diferença de atitude de quando ele saiu em relação à atitude de quando ele entrou na sala!"

"Obrigada, Jane. Seu feedback me ajudou muito a enxergar as áreas que preciso melhorar. Hoje também percebi que meus colaboradores têm muito potencial e que, à medida que desenvolvo as minhas habilidades para ajudá-los mais, eles serão capazes de se desenvolver e prosperar ainda mais no trabalho."

Grace ficou impressionada. "Muito obrigada pela ajuda", disse ela a Jane.

"Fico feliz que você tenha visto o valor desse processo", Jane respondeu. "Ele pode ser uma ferramenta bastante poderosa." Elas saíram da sala conversando.

CAPÍTULO 11

CULTURA

Em uma manhã de sábado bem cedo, o Infoman chegou a uma hospedaria rústica em uma floresta de Connecticut. Fez o check-in, trocou-se e saiu para caminhar no jardim. Fazia um dia lindo. Ele sabia que facilitar uma mudança na cultura corporativa não seria tão fácil com esse grupo de executivos acelerados e orientados aos números.

A conversa com Brian, alguns meses atrás, revelou que os problemas do XCorp tinham raízes na falta de colaboração. Apesar do grande progresso realizado, o Infoman sabia que o problema da colaboração não fora completamente superado. Com base em anos de experiência, ele estava confiante de que a mudança de comportamento necessária era possível e que a cultura poderia ser transformada. Ele inspirou profundamente o ar limpo e gelado e entrou na hospedaria, ansioso para enfrentar o desafio.

"Bom dia", o Infoman cumprimentou os participantes da sessão. "Hoje vamos falar sobre a cultura desejada para o XCorp Group. Apesar de existirem algumas diferenças nas culturas dos diferentes negócios, vocês também têm uma cultura do Grupo."

"Gostaria que vocês pensassem em dois aspectos da cultura: os comportamentos positivos e os comportamentos negativos. Quais comportamentos vocês acham que poderiam garantir seu sucesso na concretização da visão do XCorp Group e quais comportamentos sentem que poderiam impedir o progresso?"

"Vamos começar com uma pequena sessão de brainstorming. Preciso de dois voluntários, um para cada flip chart, para ir anotando os pontos que forem surgindo. No primeiro quadro, vamos anotar os 'comportamentos habituais que podem nos ajudar a ter sucesso'. No outro, anotaremos os 'comportamentos habituais que podem nos levar ao fracasso.'"

O grupo conduziu o brainstorming e se saiu com os seguintes pontos para o quadro "comportamentos habituais que podem nos ajudar a ter sucesso":

1. RECEBER NOVAS IDEIAS COM A MENTE ABERTA.
2. COLABORAR.
3. ASSUMIR A RESPONSABILIDADE.
4. CUMPRIR AS PROMESSAS.
5. LEVAR UM PROJETO ATÉ O FIM.
6. TOMAR DECISÕES COM BASE EM FATOS E
7. REFLETIR SOBRE AS AÇÕES E APRENDER.

Para "comportamentos habituais que podem nos levar ao fracasso", o grupo se saiu com a lista a seguir:

1. FOCAR-SE NO NEGATIVO.
2. ASSUMIR UMA ATITUDE DEFENSIVA.
3. APATIA.
4. INTRODUZIR MEDO NA ORGANIZAÇÃO.
5. OCULTAR A VERDADE.
6. PROTEGER SILOS OU FEUDOS E
7. PROVOCAR DESUNIÃO.

"Gostaria de acrescentar a esta última lista outro comportamento habitual que pode ser extremamente destrutivo, se vocês concordarem." Os participantes ficaram ansiosos para ouvir o que o Infoman propunha incluir. "Maledicência", anunciou ele.

"Como assim?", perguntou Ted.

"Falar mal de uma pessoa em sua ausência; independentemente de ser ou não verdade."

"Acho que fazemos muito isso", comentou Andrew, lembrando-se das conversas que se seguiram à saída de Peter Bergman.

"Esse tipo de conversa é extremamente destrutiva e desnecessária", explicou o Infoman.

"Na verdade, a chave do sucesso do XCorp é criar uma cultura que desencoraje esses comportamentos negativos e destrutivos e encoraje comportamentos positivos e construtivos como os da primeira lista."

"Agora, a título de exercício, proponho que pensem em seu próprio negócio ou departamento e me deem dois números. Qual porcentagem dos comportamentos vocês observam diariamente que estão de acordo com os comportamentos positivos e construtivos que vocês acabaram de identificar e qual porcentagem reflete os comportamentos negativos e destrutivos?"

Ninguém arriscou uma resposta. O Infoman percebeu que eles poderiam sentir-se constrangidos em responder em voz alta, de forma que passou pedaços de papel e pediu que eles anotassem os números anonimamente. Alguns minutos depois, ele coletou os papéis e tabulou as respostas. Os comportamentos positivos foram, em média, 60%, enquanto a média dos comportamentos negativos foi de 40%.

"Apesar de este não ser um método preciso de avaliação", afirmou o Infoman, "os resultados representam a percepção deste grupo, de forma que são importantes. Aproximadamente 40% dos comportamentos do pessoal do XCorp são percebidos por vocês como negativos. Esse é um número muito elevado. É essencial que vocês promovam uma 'limpeza do ambiente cultural' do XCorp. Caso contrário, esses 40% poderão prejudicar gravemente a empresa. Vocês podem acabar olhando para trás e se perguntando por que fracassaram, apesar dos vários pontos fortes da organização".

Os participantes caíram em silêncio enquanto absorviam a gravidade da situação.

"Como é possível mudar a cultura de uma organização?", indagou Andrew. "Se a cultura é composta de comportamentos habituais, como podemos mudar a cultura considerando que é tão difícil mudar os hábitos?"

"Pode parecer uma tarefa praticamente impossível", explicou o Infoman. "Mas grande parte da responsabilidade pelas mudanças pertence a todos vocês, presentes nesta sala. Se vocês, a alta liderança, decidirem promover uma mudança e seguir o processo que vou apresentar hoje com determinação, disciplina e humildade, garanto que conseguirão mudar os comportamentos negativos e destrutivos."

"Este é o esboço de uma possível linha de ação." O Infoman virou a página de um dos flip charts e escreveu o seguinte:

Quatro passos para a mudança comportamental

1. DEFINIR OS VALORES CORPORATIVOS.
2. DEFINIR COMPORTAMENTOS ESPECÍFICOS.
3. MUDAR SEUS COMPORTAMENTOS.
4. FACILITAR A MUDANÇA NOS OUTROS.

Shirin os leu em voz alta e, em seguida, comentou: "Quatro passos de novo! Será que quatro é algum tipo de número mágico?" Todos riram.

"O que vocês acham da ideia de seguir esses passos?", quis saber o Infoman. A maioria das pessoas consentiu com um aceno de cabeça, mas algumas pareciam céticas.

Brian levantou a mão. "Gostaria de dizer algumas palavras. Sinto que transformar nossa cultura em uma cultura positiva e orientada para o futuro terá um enorme efeito em nossa produtividade e em nosso sucesso. Acho que este é um projeto extremamente importante e gostaria de aprender o máximo possível com este encontro. Gostaria muito de ver implementado o que for decidido aqui – e imediatamente. Então, não vamos perder tempo tentando decidir se este é um exercício justificável ou não. Com uma porcentagem tão elevada de comportamentos negativos a superar, este projeto deve receber prioridade máxima."

Passo 1: Definir os valores corporativos

"Obrigado, Brian", agradeceu o Infoman. "O primeiro passo é definir seus valores corporativos. Sei que todas as unidades de negócios já têm um conjunto de valores essenciais, mas o Grupo, como um todo, ainda não tem valores definidos. Então, proponho um exercício para desenvolver um *conjunto singular de valores essenciais* para acelerar o avanço do XCorp Group na direção de sua visão compartilhada."

Dito isso, o Infoman dividiu os participantes em três grupos e pediu que realizassem um brainstorming para se sair com uma lista de valores para o XCorp Group que refletissem os comportamentos positivos que eles já haviam listado e que também incluíssem o oposto dos comportamentos destrutivos que haviam relacionado. Os grupos se puseram a trabalhar. Meia hora depois, eles voltaram com seus conjuntos recomendados de valores essenciais.

Depois, eles trabalharam juntos discutindo, analisando e reorganizando suas listas até chegarem a um consenso sobre os seis valores mais importantes que viriam a ser adotados como os valores essenciais do XCorp Group:

1. SER CONFIÁVEL.
2. SER ORIENTADO AO CLIENTE.
3. SER CONSCIENTE DA QUALIDADE.

4. SER RESPEITOSO.

5. APRENDER SEMPRE E

6. SER POSITIVO.

A conversa resultou na definição dos seguintes valores.

Ser confiável significa que cada pessoa do Grupo deve comportar-se de maneira a conquistar a confiança dos outros. Em consequência, os clientes, funcionários e acionistas do XCorp confiarão na organização como um todo. Ser digno de confiança implica fazer o possível para cumprir as promessas feitas. E também significa ser honesto, sincero e justo, sem se aproveitar dos outros, e agindo com integridade. Essa simples palavra, *confiável,* representa muita coisa e estabelece altos padrões para a organização.

Ser orientado ao cliente significa fazer de tudo para agregar valor excepcional para o cliente. Significa ter empatia com os problemas dos clientes, exceder as expectativas dos clientes e fazer isso com cortesia. A intenção é importante e as pessoas da organização devem demonstrar interesse pelo cliente, tanto o cliente interno quanto o externo.

Ser consciente da qualidade significa se adiantar às expectativas do cliente em relação ao produto ou serviço que está sendo adquirido, transformando essas expectativas em especificações do produto ou serviço e garantindo que as especificações sejam cumpridas 100% das vezes, a cada vez.

Ser respeitoso significa demonstrar respeito em todos os relacionamentos e em todas as interações sem tratar ninguém com preconceito. Significa mostrar que respeitamos as pessoas, tanto aquelas que estão presentes quanto as que estão ausentes, e esse respeito deve traduzir-se em colaboração e reciprocidade por toda a organização.

Aprender sempre significa adotar uma atitude aberta a novas ideias, evitando ser "metido a sabe-tudo", em qualquer situação. Significa encorajar todos a inovar e correr riscos sem medo de fracasso ou punição.

Ser positivo significa ver o lado positivo das situações e manter a empolgação.

Os participantes refletiam sobre as implicações desses padrões quando Shirin rompeu o silêncio: "Só seis valores? Conheço empresas que têm uma lista maior. Você acha que seis são suficientes?"

O Infoman sorriu. "Estou bem ciente das listas mais longas que algumas empresas têm. Em minha opinião, mais não quer dizer necessariamente melhor. É importante concentrar-se em alguns poucos padrões. Os padrões listados aqui representam a essência do que vocês precisam. Se o XCorp conseguir ter êxito na implementação desses seis valores, vocês não estarão perdendo nada. Na verdade, só a confiabilidade já poderia servir como seu principal valor essencial."

* * *

Os executivos fizeram uma pausa para o almoço em um bufê servido no jardim. Depois do almoço, algumas pessoas ficaram sentadas no lounge tomando café, enquanto outras subiram para o quarto. Um grupo fez uma caminhada pelo bosque. As discussões da manhã foram surpreendentemente sérias e instigantes. Em vez de se concentrar em estratégias para aumentar a participação de mercado ou no desempenho das ações, eles se concentraram em mudar comportamentos e hábitos. Algumas pessoas do grupo se sentiram ameaçadas pelo tópico. Algumas poucas pessoas aprovavam o exercício na teoria, mas não sabiam ao certo se o estabelecimento desses altos padrões lhes permitiria ser competitivas. Uma dessas pessoas era Ted Finley.

Ao voltar da caminhada, o Infoman notou a irritação de Ted. Ele convidou Ted para uma conversa no terraço e eles se sentaram a uma mesa. Ele pediu que Ted dissesse o que achara da sessão da manhã.

"Perdemos tempo demais falando sobre o óbvio. É claro que precisamos agir de acordo com esses princípios. Nós os aprendemos desde a infância, mas isso aqui não é uma aula de catecismo. Para que perder tempo com isso quando poderíamos estar tratando de questões importantes, como dotação orçamentária?", desabafou Ted.

"Que bom que você expressou suas preocupações!", exclamou o Infoman, confiante. "Vamos repassar o que aconteceu esta manhã. Vocês, os altos executivos do XCorp Group, definiram os comportamentos necessários para acelerar o progresso na direção de sua visão. Não foi uma tarefa fácil nem óbvia – vocês passaram um bom tempo discutindo o que deveria ser incluído na lista. Vocês também estimaram que atualmente cerca de 40% dos comportamentos de sua organização vão contra o progresso na direção da visão. Essa proporção é alarmante e significa que o ambiente cultural tem cerca de 40% de poluição ou desperdício."

"Para se livrar desses 40%, vocês precisam concentrar-se em agir de acordo com os valores essenciais que definiram para o Grupo. O ideal seria que todos nós pudéssemos colocar em prática o que aprendemos hoje, em nossa 'aula de catecismo'. O mundo seria um lugar melhor. Pode acreditar, não há nada mais importante que vocês poderiam fazer neste exato momento do que descobrir maneiras de transformar esses valores na característica distintiva do XCorp." Ted ficou pensativo por um tempo e eles se levantaram e voltaram à sala de conferência.

O Infoman escreveu a seguinte frase no flip chart: *A congruência com os valores é a maior vantagem competitiva.*

Passo 2: Definir comportamentos específicos

Quando todos voltaram à sala, prontos para recomeçar, o Infoman projetou a declaração de missão e visão e reiterou a importância dos valores como a maior vantagem competitiva do XCorp.

Em seguida, ele disse: "Agora, gostaria de fazer uma pergunta a vocês. Como vocês saberiam se alguém está trabalhando de acordo com esses valores... digamos, por exemplo, a confiabilidade?"

"Observando as ações da pessoa", arriscou Andrew.

"Exatamente", disse o Infoman. "Não só as ações em geral, mas os comportamentos *específicos*. Qual seria um exemplo de um comportamento específico para o valor da confiabilidade? Alguma ideia?", perguntou ao grupo.

"Só consigo pensar em exemplos de comportamento não confiável!", Don comentou. Todos riram.

"Tudo bem", explicou o Infoman. "Também pode ser, porque podemos pegar o contrário. No que você pensou?"

"Bom, acho que tendo a pensar em termos de dinheiro", Don prosseguiu. "Por exemplo, fazer uma viagem que não tem relação com o trabalho, ficar em um hotel caro e cobrar da empresa."

"Uau! Isso não é nada confiável! Acho bom prestarmos mais atenção nos relatórios de despesas!", exclamou Ted, provocando uma onda de risadas.

"Certo, então, se isso é um indicativo de comportamento não confiável, como podemos definir o comportamento confiável específico?"

"Que tal 'documentar uma justificativa precisa para todas as despesas' ou 'proporcionar informações exatas'?", sugeriu Shirin.

"Pode ser", concordou o Infoman. "Posso sugerir outro exemplo? Que tal concluir um projeto específico dentro do prazo? Será que isso seria um comportamento confiável?", quis saber o Infoman.

"Sem dúvida", respondeu Brian. "Se eu confio que alguém vai concluir um projeto a tempo, um atraso quebraria essa confiança."

"Parece que os comportamentos específicos podem indicar se a pessoa está alinhada aos valores da organização", comentou Gail.

"Isso mesmo", concordou Infoman. "Para promover os valores do XCorp, vocês precisam trabalhar em promover os comportamentos específicos. À medida que esses comportamentos são praticados, eles, aos poucos, vão se transformando em hábitos."

Alinhamento Total

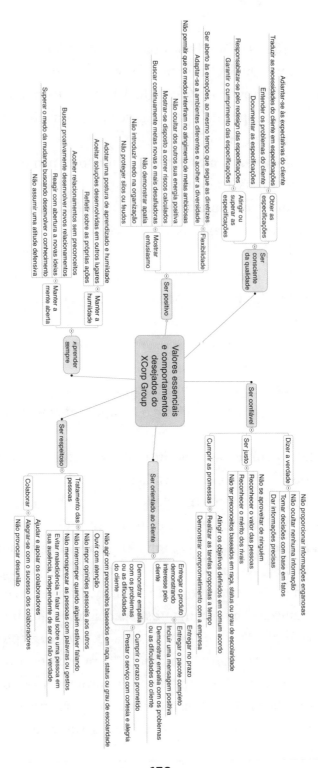

Os participantes continuaram definindo os comportamentos específicos para a confiabilidade e depois se puseram a defini-los para os outros valores: *ser orientado ao cliente, ser respeitoso, aprender sempre* e *ser positivo*. Ao final, eles definiram comportamentos específicos para cada valor essencial.

Gail montou uma árvore ligando os comportamentos específicos que eles definiram aos valores essenciais. Quando terminou, ela projetou a Árvore de Valores Essenciais e Comportamentos para todos verem.

Os participantes se revezaram lendo em voz alta cada valor da árvore, bem como os comportamentos específicos relativos aos valores essenciais. Eles verificaram se todos os comportamentos habituais positivos e negativos que relacionaram no início da sessão estavam representados na árvore. Enquanto os participantes refletiam sobre o diagrama, Brian comentou: "Não será fácil colocar em prática essa Árvore dos Comportamentos. Pergunto-me como seria possível fazer isso em uma organização tão grande quanto a nossa."

O Infoman se dirigiu a Brian e explicou: "A transformação que você quer precisa começar aqui, com a autotransformação dos executivos presentes nesta sala. Como nenhum de nós pode alegar que corresponde perfeitamente a todos os valores listados no mapa, todos nós devemos nos empenhar para mudar." Dito isso, ele pediu que os participantes refletissem sobre como eles mesmos se comportam no trabalho à luz da Árvore dos Comportamentos que montaram juntos. Ele sugeriu que eles começassem sua autotransformação identificando, na árvore, dois comportamentos específicos habituais que eles achavam que tinham, um comportamento desejável que poderia ser fortalecido e um comportamento indesejável que deveria ser eliminado. Com isso, ele saiu da sala e lhes deu meia hora para fazer o exercício.

Nenhum dos participantes jamais havia parado para refletir sobre o próprio comportamento dessa forma. Foi um exercício difícil.

Meia hora depois, o Infoman voltou à sala e conversou individualmente com cada participante.

Passo 3: Mudar seus comportamentos

"O próximo passo do processo é livrar-se dos maus hábitos que vocês identificaram. Como vocês sabem, pode ser difícil mudar os hábitos. Vocês precisarão de determinação, disciplina e perseverança. Sei que todos vocês se empenharão nessa tarefa. Mas quais seriam algumas maneiras práticas para que vocês se lembrem de se manter trabalhando em seus comportamentos específicos?"

"Talvez deixar um bilhete no espelho do banheiro para ver toda manhã", sugeriu alguém.

"Ou usar o relógio de cabeça para baixo para se lembrar a cada vez que vê as horas", foi outra sugestão.

"Ou usar reforçar a resolução toda manhã, no café da manhã."

O Infoman sorriu: "Gostei de todas as sugestões. Muito criativo! Um dos meus clientes me disse que seus gestores colocam uma moeda no sapato para lembrar de se manter sempre alertas aos comportamentos específicos nos quais estão trabalhando. Eles ficam com a moeda no sapato até o novo hábito desejado ser formado."

Ted comentou: "Quantas moedas precisaremos colocar no sapato e por quanto tempo? Mesmo que eu coloque uma moeda por vez, essa moeda ficaria no meu sapato por tanto tempo que eu nem a notaria mais. É a ideia mais absurda que já ouvi." Os outros caíram na risada.

"Faça o que funcionar para você!", retrucou o Infoman. "Cada pessoa precisa encontrar o método mais adequado. Outra ideia seria mudar o método para cada hábito. Isso pode manter o processo interessante."

"A questão é que, quando encontrar um método que funciona para você, você estará no caminho do autoaperfeiçoamento. Para ajudá-lo ao longo do caminho, seria interessante obter o feedback de uma pessoa de confiança que pode se encarregar de observá-lo. Pode ser um amigo, um colega ou até alguém da família. Sei que pode ser meio constrangedor para alguns de vocês, que podem não querer que um amigo saiba que vocês estão trabalhando no autoaperfeiçoamento. Mas por que não se empenhar nisso? Todos nós precisamos melhorar e essa é uma boa oportunidade."

O Infoman pediu que os participantes trabalhassem em silêncio para conceber um método de lembrete e identificar um possível observador. As pessoas passaram algum tempo absortas na tarefa. Todas elas identificaram um método de lembrete e várias pessoas identificaram seus observadores. O Infoman sugeriu que os participantes marcassem uma reunião com seus observadores.

"Sugiro que peçam a seus observadores ou conselheiros para se manterem especialmente alertas nos próximos meses. Sempre que virem vocês agindo de acordo com a lista de comportamentos a serem aprimorados, eles devem lhes dar feedback, dizendo especificamente o que vocês disseram ou fizeram para merecer o elogio. De forma similar, sempre que eles os virem agindo de modo incongruente com a lista dos comportamentos identificados, devem lembrá-los e dizer especificamente o que vocês disseram ou fizeram. Eles devem lhes dar esse feedback assim que possível após o evento."

Passo 4: Facilitar a mudança nos outros

"O passo 4 diz respeito a influenciar a mudança comportamental nos outros. Com isso, vocês se tornarão um agente de mudança, e seu exemplo encorajará a autotransformação dos outros. Todos vocês, a começar pelo Brian e descendo pelas camadas de gestão, são responsáveis por encorajar a transformação nos outros. É claro que seu sucesso influenciando os outros dependerá de seu sucesso em sua própria autotransformação. Se vocês conseguirem se autotranformar, terão autoridade moral e suas palavras surtirão mais efeito."

O Infoman prosseguiu: "Sua influência consistirá em encorajar a mudança comportamental de acordo com a Árvore de Valores Essenciais e Comportamentos que vocês montaram. Quando alguém estiver agindo de acordo com esses comportamentos, não deixe de observar que eles estão ajudando a mudar a cultura da organização de maneira bastante positiva."

O Infoman se dirigiu a Brian e disse: "Se você levar a sério o desenvolvimento de uma cultura corporativa saudável, colocará esses valores no topo da sua lista de prioridades e exigirá que todos os funcionários do XCorp contribuam e se empenhem para colocá-los em prática. Os que se recusarem a se empenhar podem encontrar outro lugar para trabalhar."

O Infoman fez uma pausa e perguntou a Brian: "Você está preparado para assumir uma posição tão dura?"

Brian olhou para seus colaboradores. "Pode apostar", foi a resposta.

"Mesmo que você tenha de afastar uma pessoa que faz grandes contribuições para seus resultados financeiros?"

"Pode apostar", Brian repetiu sem hesitar.

"Era o que eu esperava ouvir", disse o Infoman, satisfeito.

Com esses comentários, o Infoman concluiu a sessão e desejou a todos sucesso na transformação do ambiente cultural do XCorp.

Concluída a sessão, Ted Finley abordou o Infoman. "Desculpe pelo meu ceticismo hoje", disse ele. "Acho que continuo meio cético depois de ver o processo todo. Não me entenda mal, sou totalmente a favor da confiabilidade, do bom atendimento e da alta qualidade. Mas seu processo me pareceu teórico demais. Como podemos ter certeza de que ele vai mesmo funcionar aqui no XCorp Group?"

"Não dá para saber antes de vocês tentarem", explicou o Infoman. "Se os participantes saírem daqui, voltarem ao trabalho e não fizerem nada para promover as mudanças que discutimos, então a sessão de hoje terá sido uma perda de tempo. Mas acho que muitos dos executivos presentes estão dispostos a fazer um grande esforço e sei que Brian apoia a iniciativa. O tempo dirá se a sessão foi ou não proveitosa."

O Infoman se despediu de Ted Finley com um aperto de mão.

* * *

Shirin e Andrew se encontraram em um restaurante na sexta-feira seguinte, à noite. Eles haviam decidido trabalhar juntos em seus comportamentos e pretendiam conversar ao jantar sobre as maneiras como poderiam ajudar e encorajar um ao outro nessa tarefa.

Shirin usava um elegante sári indiano e Andrew vestia um terno cinza tradicional. Foi um encontro entre o Oriente e o Ocidente, um encontro com o qual Andrew jamais teria sonhado um mês antes. Eles se cumprimentaram afetuosamente e se sentaram a uma mesa na janela, com vista para o jardim.

"O que você acha da sessão que tivemos com o Infoman?", Shirin quis saber.

"Foi ótima! Aquilo me abriu a cabeça para algumas mudanças que preciso fazer", esclareceu Andrew. Seu sorriso se desfez. "Só gostaria de ter feito isso dois anos atrás."

"Por que dois anos atrás?"

"Foi quando minha esposa me deixou. Ela passou vários anos insistindo para que eu mudasse, dizendo que isso fortaleceria nosso relacionamento. Mas não lhe dei ouvidos. Nunca consegui descobrir exatamente o que ela queria. Ela finalmente se cansou e, depois de muitas brigas, me deixou."

"Sinto muito", lamentou Shirin, em voz baixa.

Houve uma pausa. "E você?", perguntou ele a Shirin.

"Gostei muito da sessão", respondeu ela. "Achei a ideia de *intenção* no atendimento bastante intrigante. Acho que o conceito é forte e requer um profundo conhecimento do que os clientes precisam e da minha intenção de ajudá-los." Ela começou a rir.

"Qual é a graça?", Andrew quis saber. "Adivinhe o que eu tenho no sapato."

Shirin descalçou o delicado pé e mostrou o sapato a Andrew. Andrew olhou para baixo mas não conseguiu ver nada. Ele se inclinou e olhou novamente para dentro do sapato. "Ah, sim!"

"Não é desconfortável, mas estou ciente dessa moeda o tempo todo."

"Quantas moedas você tem aí?"

"Duas", foi a resposta. "Uma em cada pé. Estou trabalhando em dois hábitos por vez."

Andrew sorriu. "Não preciso de uma moeda para me lembrar. Sei que preciso fazer algumas mudanças."

"Então, como podemos nos ajudar?", perguntou ele depois de o pedido ter sido feito ao garçom.

"Eu tenho uma ideia", propôs Shirin. "Vamos fazer um fundo. Pagamos $5 para o fundo se formos pegos agindo em não conformidade com o hábito que estamos tentando formar. E tiramos $5 do fundo quando formos pegos fazendo alguma coisa certa. Depois de um mês, podemos verificar nosso progresso."

Andrew concordou com o plano. Durante as semanas que se seguiram, Shirin e Andrew tiveram várias oportunidades de trabalhar juntos. Eles observaram com cuidado as ações do outro e contaram o número de vezes que o outro agiu de acordo com o comportamento desejado identificado na sessão com o Infoman e também o número de vezes que o outro agiu de modo incongruente com o comportamento desejado escolhido. Quando não trabalhavam juntos, cada um anotava os próprios comportamentos e registrava diariamente as informações para repassá-las no jantar semanal. Com as eventuais recaídas aos velhos hábitos, o fundo foi engordando cada vez mais. Mesmo assim, Shirin e Andrew se mantiveram trabalhando com diligência no processo de autotransformação.

Eles tiveram muitos jantares e passeios divertidos nas semanas que se seguiram. De repente, a transformação começou a ocorrer e o fundo se esvaziou. Mas eles mantiveram a tradição dos jantares assim mesmo. As mudanças no comportamento deles começaram a ser notadas pelos outros, inclusive pelo chefe de Andrew e Brian Scott. A ética no atendimento, a confiabilidade e o compromisso com a qualidade demonstrados por eles lhes renderam a alta estima dos colegas.

* * *

Peter Bergman estava de férias na Holanda com a esposa, Sandra. Mesmo durante as férias, ele nunca conseguiu se livrar da obsessão de destruir Brian Scott. De repente, ele teve uma ideia que o encheu de energia. A ideia cresceu e se transformou num plano. Ele decidiu, antes de tudo, visitar os principais concorrentes da TechCorp e se oferecer para ajudar a desgastar a participação de mercado e a imagem da TechCorp. Isso resultaria na erosão da receita do XCorp e na queda de valor das ações. Quando o preço das ações do XCorp despencasse, Peter compraria, com o dinheiro do sogro, ações suficientes para se livrar de Brian. Com isso, ele estaria em posição de implementar estratégias que fariam os lucros do XCorp decolar e, em consequência, o preço das ações se recuperaria e suas ações se tornariam valiosas. Tudo o que Peter precisava fazer era convencer o pai de Sandra dos méritos de seu plano.

Uma noite, Peter levou o pai de Sandra para jantar e lhe explicar os potenciais do XCorp e sua ideia para uma aquisição. Ele detalhou meticulosamente seu plano e, depois de responder a uma bateria de questões, convenceu o sogro a ajudá-lo. Mas com uma condição: Peter também investiria o próprio dinheiro no empreendimento. Peter não tinha dinheiro suficiente para investir, mas tinha conhecidos abastados nos Estados Unidos e na América Latina. Ele concordou com a condição do sogro.

Algumas semanas mais tarde, Peter voltou aos Estados Unidos e se pôs a trabalhar em seu plano. Com os diretores de vendas dos concorrentes, Peter visitou os principais clientes da TechCorp oferecendo acordos a preços bastante atraentes para convencê-los a cancelar seus contratos com a TechCorp e trocar de fornecedor.

CAPÍTULO 12

O PROCESSO DE RESULTADOS DA EQUIPE

Em uma segunda-feira de manhã, David Anderson, CEO da TechCorp, recebeu notícias chocantes. Uma guerra de preços fora iniciada. O principal concorrente da TechCorp lançara uma campanha de acentuadas reduções de preço de vários produtos-chave visando conquistar maior participação de mercado. Os preços eram tão baixos que a TechCorp não tinha como acompanhá-los sem incorrer em perdas significativas.

David convocou uma reunião com seu pessoal-chave para discutir como eles deveriam reagir à situação. Para o curto prazo, decidiram equiparar-se aos novos preços do concorrente. A esperança era que a estratégia desse à TechCorp tempo para desenvolver soluções de longo prazo financeiramente viáveis.

Alguns dias depois, David estava sentado à sua mesa com a cabeça entre as mãos. "Preciso de excelentes ideias", pensou ele, "de algumas estratégias realmente revolucionárias". Ele se empertigou rapidamente quando ouviu o telefone tocando. Era a secretária: "Jane Baker e Paul Harris estão aqui para vê-lo."

"Para quando a reunião com eles estava marcada, Jessica?", inquiriu ele. "Eu poderia jurar que era amanhã."

"A reunião era hoje mesmo, senhor. Devo pedir para voltarem amanhã?"

"Não, pode mandá-los entrar, mas me dê alguns minutos." Ele deu uma olhada em sua agenda. "Meu Deus, a reunião era mesmo para hoje!"

Jane e Paul entraram na sala de David e o cumprimentaram. Jane notou que David parecia estressadíssimo. Ambos ficaram sabendo das notícias e sabiam que David devia estar extremamente ocupado, mas sentiam que poderiam ajudar.

Jane falou primeiro: "David, parece que caiu uma bomba em sua cabeça."

"Bom, sinceramente, é assim mesmo que me sinto."

"Viemos ajudar", anunciou Paul.

"Bem que eu gostaria, mas não vejo como", comentou David, desalentado.

"Só queríamos apontar a você algumas competências que vocês já possuem e que podem ser utilizadas para reagir a esta crise. Se você derrubar os preços para ser competitivo, isso vai impor uma grande pressão sobre as operações para melhorar a eficiência. Seu pessoal já deve estar sentindo a pressão."

"Alguns estão. Eu me reuni com minha equipe de produção ontem. Basicamente, eles vão ter de aguentar o tranco. E eu também, é claro."

"Por que não dividir um pouco o peso?"

"Como assim?"

"Bem, você se lembra de todos aqueles FCSs e FCIs que definimos para sua organização?"

"Sim, é claro."

"Cada responsável por um FCS que possui um FCI associado a ele tem uma equipe interfuncional. Por exemplo, o supervisor de expedição que possui, como um FCS, a *pontualidade na entrega de um produto*, conta com uma equipe interfuncional para seu FCS. Essa equipe incluiria o próprio supervisor de expedição, bem como o gerente de vendas e o gerente de produção, que são os res-

O processo de resultados da equipe

ponsáveis pelos FCIs associados a esse fator. Estamos sugerindo que você reúna todas as equipes interfuncionais da empresa e as concentre na crise. Naturalmente, uma ou duas dessas equipes darão uma contribuição mais importante, mas todas poderão contribuir. Todas as equipes precisam saber que vocês estão em modo de emergência e que precisam trabalhar para melhorar seus processos. O efeito cumulativo de todas essas melhorias lhes proporcionará os máximos resultados possíveis. Sua organização já dedicou muita energia na definição de todos esses fatores, agora é a hora de se beneficiar plenamente desse investimento."

"Será que entendi bem o que estão propondo? Pelo que entendi, vocês querem que eu mobilize todos os responsáveis pelos FCSs e os reúna com o pessoal dos respectivos FCIs, comunique a eles o senso de extrema urgência provocado pela guerra de preços e peça que se esforcem para atingir os plenos potenciais do processo que fundamenta seus FCS e até ajustá-los se for necessário. É isso mesmo? Sua intenção é dotar essas equipes interfuncionais de empowerment para que elas se sintam responsáveis por nos tirar dessa situação. Entendi direito?"

"É isso mesmo!", confirmou Paul.

"Mal não pode fazer... e a ideia me parece bastante lógica. Vamos em frente!"

Enquanto Paul e Jane saíam da sala, David agradeceu e disse: "Que bom que a reunião era hoje mesmo!"

Eles não entenderam o comentário e o atribuíram aos efeitos do estresse.

Os responsáveis pelos FCSs atenderam à solicitação de David e montaram rapidamente uma equipe interfuncional composta do pessoal de seus respectivos FCIs para ver como poderiam melhorar os processos e a performance de seus FCSs. Eles foram solicitados a executar imediatamente as soluções. Além disso, David encarregou o vice-presidente de vendas de se envolver pessoalmente na iniciativa, visitando os clientes mais importantes e investigando o que mais a TechCorp poderia fazer para satisfazer e exceder as expectativas desses clientes.

Os relatórios das visitas aos clientes foram encaminhados ao escritório de David. Eles continham as terríveis notícias de que todos os clientes-chave visitados pelo vice-presidente de vendas já haviam sido contatados por Peter Bergman, que lhes prometera preços e termos de entrega praticamente imbatíveis. David procurou saber quem era Peter e descobriu que ele fora o antigo CEO da TechCorp, que entrara em conflito com Brian. David se surpreendeu com o descaramento de Peter e suas tentativas flagrantes de destruir a base de clientes da TechCorp.

David reagiu prontamente com contrapropostas que incluíram melhorias nos produtos e nos serviços desejadas pelos clientes. Uma reação desse tipo demandava eficiência significativa nos processos da TechCorp, já que envolvia comprometer-se com soluções que não seriam viáveis sem que as iniciativas fossem implementadas pelas equipes interfuncionais. O vice-presidente de vendas também revelou a estratégia vingativa de Peter aos principais clientes e os convenceu de que as promessas dos concorrentes eram temporárias, infundadas e não sustentáveis. David montou uma equipe especial para atender com atenção especial às solicitações desses clientes e atender bem a cada uma dessas solicitações. Como resultado, a TechCorp saiu mais forte e com processos muito melhores por toda a organização.

* * *

Três meses mais tarde, Paul e Jane decidiram fazer outra visita a David, dessa vez para conversar sobre outro tipo de equipe.

"E aí, como vai?", perguntou Paul enquanto cumprimentava David com um aperto de mão.

Jane notou que David parecia bem mais tranquilo e mais controlado.

"Bem melhor. Foi incrível!", exclamou David. "Direcionamos nossos recursos ao objetivo de otimizar os processos-chave e reduzir os custos. Também demos especial atenção a alguns de nossos principais clientes, reduzimos preços e atendemos às solicitações deles sem cobrar a mais por isso. A guerra de preços acabou nos beneficiando em vez de nos prejudicar! Agora o mercado está melhorando e os preços estão se recuperando. Como nossos processos melhoraram, nossos lucros também estão subindo. Muito obrigado mesmo por me lembrarem de acionar as equipes interfuncionais. Vocês tinham razão, nós já tínhamos as competências, só precisávamos usá-las!"

"O trabalho unido das pessoas, focadas em um mesmo objetivo em comum, é algo realmente muito poderoso", comentou Paul.

"Hoje viemos lhe apresentar uma nova abordagem para as equipes naturais; isto é, as equipes compostas de gestores e das pessoas que se reportam diretamente a eles. Essa nova abordagem transformará o modo como vocês conduzem suas reuniões mensais para avaliar os resultados."

"Em que sentido?". David parecia curioso.

"Conte-me o que você faz agora. Como suas reuniões com a equipe costumam ser conduzidas?", perguntou Jane.

"Bem, tirando esse período de crise, normalmente me reúno com meus colaboradores na segunda terça-feira do mês, anuncio quaisquer notícias urgentes, me informo sobre oportunidades e ameaças potenciais e defino as prioridades do mês. Depois, cada um apresenta gráficos, diagramas e dados detalhados relativos à performance de sua área no mês anterior – desvios do orçamento, comparações com o ano anterior, dados históricos anuais etc."

Depois de uma pausa, Jane perguntou: "Costuma haver muito diálogo nessas reuniões?"

"Não muito", respondeu David. "Com exceção da pessoa que está apresentando e respondendo às perguntas, as outras em geral só ouvem."

"Quanto tempo essas reuniões costumam durar?"

"O tempo necessário para conduzirmos todas as apresentações... pode levar o dia todo", foi a resposta.

"Não quero ser indelicada", disse Jane, "mas esse tipo de reunião me parece um grande desperdício de tempo e recursos. Você está desperdiçando o tempo de um grupo de executivos extremamente bem pagos e competentes que provavelmente nem estão dedicando toda a atenção deles à reunião".

"Por que você diz isso?", inquiriu David.

"Bem, quando alguém fala sobre a própria área com tamanho nível de detalhamento, normalmente só uma pequena parte do que essa pessoa está dizendo é relevante para os outros participantes. Se as pessoas estão entediadas e são forçadas a passar o dia inteiro absorvendo uma montanha de informações, provavelmente perderão o interesse ou se voltarão para pensar nas próprias apresentações."

"Esse tipo de reunião é o que chamaríamos de reuniões *focadas para baixo*, porque o foco principal é na área de responsabilidade dos membros individuais da equipe. A nova abordagem que gostaríamos que você levasse em consideração é o conceito de equipes *focadas para cima*, que transforma esse grupo em uma verdadeira equipe, dando-lhe um propósito em comum."

"E que propósito seria esse?", indagou David.

"Melhorar o Relatório de Foco *do líder da equipe*, porque esse relatório é o Relatório de Foco da equipe como um todo. Esse novo foco permite que a criatividade e a energia da equipe toda sejam direcionadas aos fatores relevantes ao líder."

Depois de uma pausa, Jane perguntou: "Dá para ver a diferença?"

"Sem dúvida", respondeu David. "A diferença é enorme."

"As equipes focadas para cima também apresentam outra grande vantagem", Paul comentou. "As equipes focadas para cima são orientadas para o futuro, enquanto as equipes focadas para baixo, pela própria maneira como operam, são basicamente orientadas ao *passado*, porque os participantes se dedicam a compartilhar informações sobre o que já aconteceu. Não que essas informações não sejam importantes. Só que tempo demais costuma ser dedicado a elas e, em geral, um tempo insuficiente é alocado a encontrar soluções. Além disso, todas essas informações orientadas ao passado podem não ser relevantes para todos os membros da equipe."

"Imagine camadas de equipes na organização, todas focadas para cima desse jeito. Isso tem um poder incrível!"

"Posso imaginar", anuiu David. "Falem mais sobre essas equipes."

"Essas equipes seguem um novo processo que chamamos de *processo de resultados da equipe*. Trata-se de um processo que começa com uma reunião da equipe em que planos de ação são desenvolvidos para os indicadores do líder de equipe; os processos são seguidos de ações em campo e reforçados por uma nova reunião da equipe para refletir, aprender e desenvolver novos planos de ação."

Paul continuou a explicação: "Esse processo não é exclusivo ao seu nível ou ao nível imediatamente abaixo de você, mas se presta a todos os níveis da organização. Como todos os gestores têm um Relatório de Foco, seus relatórios são melhorados cada vez mais pelo processo de resultados da equipe."

"Parece que vocês estão falando de um processo sistemático para melhorar os resultados", comentou David. "O que acontece nas reuniões?"

"A pauta da reunião inclui quatro tópicos: cultura, performance, desenvolvimento e sinergia", explicou Jane. "A parte da cultura não precisa levar muito tempo, mas visa ajudar os membros da equipe a aprofundar sua compreensão dos valores essenciais e dos comportamentos desejáveis na organização. Isso é importante porque ajuda a criar uma cultura propícia ao atingimento dos resultados na organização."

"O principal foco da equipe, é claro, é melhorar o status dos fatores críticos de sucesso (FCSs) do líder de equipe. A meta é elevar todos os fatores críticos a um nível excelente", elucidou Paul.

"Depois da conversa sobre performance, o próximo tópico é o desenvolvimento", prosseguiu Jane.

"Quer dizer o desenvolvimento dos membros da equipe?", quis saber David.

"Não, quero dizer o desenvolvimento da equipe em si. Refiro-me ao desenvolvimento do trabalho em equipe, tão essencial para atingir resultados. Usando duas variáveis, *coesão* e *contribuição*, o desenvolvimento da equipe pode ser avaliado na escala de L1 a L4, de baixa a alta eficiência. Quando uma equipe se comunica bem e trabalha unida, tem um alto nível de coesão. Quando as pessoas têm medo de se expressar ou quando há atritos, mal-entendidos ou apego a interesses pessoais, o nível de coesão é baixo. Quando todos os talentos dos membros da equipe são utilizados, temos um alto nível de contribuição. Quando só uma ou duas pessoas estão se ocupando do trabalho e os demais se limitam a observar, o nível de contribuição é baixo. A extensão da coesão e da contribuição de uma equipe leva a seu nível de eficiência. E o nível de eficiência se correlaciona com a capacidade da equipe de produzir resultados."

"Em que nível você acha que sua equipe está trabalhando?", perguntou Jane.

David ficou em silêncio, refletindo sobre a pergunta. Jane rompeu o silêncio e disse que lhe enviaria um levantamento para ajudar a equipe dele a identificar seu nível de desenvolvimento.

Paul foi em frente e apresentou o último tópico da pauta da equipe: "O último elemento da pauta da reunião é sinergia. Sinergia diz respeito a uma conversa aberta na qual os membros da equipe apresentam informações ou lições aprendidas em suas áreas que podem ser relevantes aos outros membros da equipe. Eles também podem solicitar o que precisarem aos colegas para terem mais sucesso."

"Só para ver se entendi direito", interrompeu David, "esse processo de resultados da equipe teoricamente poderia nos levar a um patamar completamente novo, mas é uma mudança enorme e não sei ao certo como vocês planejam implementá-lo...".

"Nós lhe daremos treinamento sobre a metodologia relevante a esse processo e também o ensinaremos a conduzir o treinamento à sua equipe. Queremos que você mesmo conduza o treinamento para o nível imediatamente abaixo porque ele será mais efetivo assim. Além disso, nós os acompanharemos em suas reuniões iniciais para orientá-lo melhor", explicou Jane.

"Como assim, vocês vão me acompanhar?", quis saber David.

"Nós nos propomos a conversar com você antes da reunião para que você se familiarize melhor com os conceitos e a metodologia, e participaremos como observadores da reunião para o caso de você precisar de ajuda na aplicação do treinamento que recebeu. Também conversaremos com você depois da reunião para lhe dar feedback, apontando os pontos positivos e os pontos a ser melhorados", esclareceu Jane.

"Você não estará sozinho." Paul o reconfortou. "Ficaremos com você até se sentir à vontade com o processo, o que pode levar de uma a três ou quatro reuniões."

"Excelente", vibrou David. "Isso me ajudará muito, mas e os próximos níveis da organização? Qual é o plano que vocês têm para eles?"

"O próximo nível receberá o treinamento de seus subordinados diretos, que foram treinados por você, e o treinamento vai descendo dessa maneira pela organização. Quanto ao acompanhamento das reuniões deles, planejamos nos 'duplicar', treinando e certificando algumas pessoas de sua organização para orientar os próximos níveis da mesma maneira. Além disso, a experiência que seus subordinados diretos terão em suas reuniões também servirão como um modelo para eles."

David gostou do plano e concordou em dar início a um novo processo. Jane e Paul agendaram e conduziram o treinamento de um dia para David. Durante a sessão, David praticou a condução do treinamento a seus subordinados e, tendo recebido feedback e orientação de Jane e Paul, voltou a praticar até se sentir confiante de que faria um bom trabalho. Sentindo-se mais à vontade, David conduziu uma sessão de treinamento para sua equipe natural de subordinados diretos. O treinamento foi um sucesso.

Na terceira quinta-feira do mês, ele conduziu sua primeira reunião com a equipe.

"Hoje estamos dando início a uma nova reunião mensal", começou David. "Isso não quer dizer que antes estivemos avaliando nossos resultados mensais do jeito errado. Nada disso. Foi nosso processo anterior que nos trouxe até onde estamos hoje: uma empresa de bastante sucesso. Mas, para concretizar nossa visão ambiciosa, precisamos de gestores de primeiríssima qualidade – não só um punhado, mas centenas deles. O modo como vínhamos avaliando os resultados mensalmente poderia continuar a nos proporcionar resultados, mas à custa de muito empenho de alguns relativamente poucos bons gestores. Mas isso não garantiria o desenvolvimento de excelentes gestores em todos os níveis, em um número suficiente para fazer a diferença da qual precisamos para concretizar a visão ambiciosa do XCorp Group. Com essas novas reuniões da equipe, começando aqui e descendo em cascata pela organização, esperamos desenvolver gestores excelentes em todos os níveis."

Jane e Paul ouviam com atenção.

David prosseguiu: "A maior diferença entre o que vamos fazer hoje e o que vínhamos fazendo no passado é que essa reunião será focada para cima. Quero dizer que preciso da ajuda de vocês para melhorar *meu* Relatório de Foco. Então relaxem, não vamos repassar a performance de vocês hoje. Isso será feito em outra ocasião."

David apresentou as regras básicas para o diálogo que já haviam sido definidas no nível do Grupo e ajudou sua equipe a entender e concordar com todos os pontos. Depois, perguntou a Amy Jones, a nova diretora de RH, se ela poderia monitorar a conformidade com essas regras básicas. E também perguntou a Jeff Mendez se ele poderia registrar as conclusões da discussão e operar o TOPS na reunião.

David deu início à primeira das quatro conversas da sessão. Ele abriu o tópico da cultura lembrando todos os participantes dos seis valores essenciais da organização: *confiabilidade, atendimento, qualidade, respeito, aprendizado* e *atitude positiva*, que haviam sido definidos pelo Grupo com a ajuda do Infoman. Eles escolheram um dos valores e conversaram sobre como se aplicava às atividades cotidianas da empresa.

Quando David passou para a discussão sobre performance, seus subordinados diretos mal puderam acreditar no que estavam ouvindo. David estava efetivamente pedindo que eles contribuíssem com ideias para ajudá-lo a decidir o que fazer e ajudá-lo a implementar algumas das tarefas.

"Como podemos trabalhar juntos para melhorar meu scorecard?", repetiu ele várias vezes. Jeff Mendez exibiu o Relatório de Foco de David. Um dos fatores que se encontravam na zona vermelha, com uma performance abaixo do mínimo, era "vendas totais", um Fator Crítico de Gestão (FCG) para David. Isso significava que um ou mais fatores críticos de sucesso (FCSs) atribuídos aos níveis mais baixos da organização estavam apresentando uma performance insatisfatória. David se dirigiu à sua equipe, dizendo: "Em outra ocasião, gostaria muito de ver os planos de ação desenvolvidos pelas pessoas responsáveis pelos FCSs de vendas e espero que esses planos de ação se fundamentem em uma análise meticulosa e que sejam criativos. Mas hoje vamos tentar desenvolver um plano de ação para meu FCG, que está na zona vermelha. O plano de ação do meu FCG deve focar-se em minha influência *delta*, ou seja, a influência que tenho sobre as vendas e que nenhum de vocês tem. Então, nosso primeiro passo é descobrir o que seria esse delta. Vocês podem me ajudar a fazer isso?"

Os subordinados diretos de David pareciam não estar entendendo direito, então ele parafraseou a pergunta: "O que posso fazer, na minha posição, para ajudar os responsáveis pelos FCSs a vender? O que posso fazer por eles que eles mesmos não podem fazer?"

Com esse esclarecimento, uma lista de ideias veio à tona. As ideias refletiam a influência delta de David possibilitada pelos recursos e relacionamentos que ele tinha à sua disposição e que os membros da equipe não tinham e também pelo maior poder de decisão que ele tinha em comparação com os colaboradores. Dentre as várias ideias que surgiram, as três escolhidas foram: David poderia ajudar se disponibilizando mais em casos nos quais ajustes de preços se faziam necessários; David poderia ajudar visitando os 5% dos principais clientes para falar sobre a dedicação da TechCorp à qualidade e ao atendimento; e David poderia autorizar uma verba para desenvolver uma das marcas mais populares da empresa. Depois, essas ideias foram transformadas em um plano de ação com compromissos específicos, que Jeff incluiu no TOPS.

Tendo coberto os dois primeiros tópicos da reunião, David passou para o terceiro tópico, desenvolvimento. Jeff passou um formulário de avaliação para que os participantes preenchessem anonimamente e devolvessem a ele. Cada colaborador avaliou a equipe de David em relação a dois critérios: *coesão* e *contribuição*. Quando terminaram, Jeff coletou os formulários, tabulou os resultados em uma planilha e os mostrou à equipe. A pontuação média calculada indicava que o nível de coesão era mediano e o nível de contribuição era baixo. Depois de conversarem um pouco a respeito, eles concordaram que o nível de desenvolvimento era L2. Passar desse nível a L4 seria o desafio que eles explorariam na próxima reunião.

O último tópico da reunião foi sinergia. David pediu que cada participante compartilhasse novidades de sua área no mês anterior que poderiam ser úteis para os outros. Ele também observou que deveriam pedir a ajuda necessária dos colegas. As discussões que se seguiram foram bastante proveitosas. Muitas pessoas contaram novidades de suas áreas. Adam Rice, diretor de TI da TechCorp, tinha notícias importantes para informar ao grupo. Ele anunciou: "Gostaria que vocês todos soubessem que o último módulo do sistema de software integrado que instalamos no decorrer do ano passado foi completamente testado e já está disponível. Isso afetará todas as áreas e estará em funcionamento na primeira segunda-feira do próximo mês. Amanhã enviarei a todos vocês um convite para uma reunião, a fim de lhes apresentar os recursos desse módulo."

Com os quatro tópicos cobertos, David concluiu a reunião da equipe com a seguinte mensagem: "Esta foi a nossa primeira reunião de equipe, que constituiu o primeiro passo no processo de resultados da equipe. Como vocês puderam ver, ela foi bastante diferente de nossos rituais mensais do passado. Com o feedback que espero receber de Jane e Paul, essas reuniões melhorarão cada vez mais. Desenvolvemos um plano de ação delta para meu FCG. Agora vamos colocar as mãos na massa e executar todas as ações que discutimos hoje. Espero que, quando vocês conduzirem as reuniões com suas próprias equipes, também elaborem planos de ação para seus fatores. Não vejo a hora de vê-los usando o TOPS. Estou confiante de que esses planos resultarão em excelentes resultados para a TechCorp." Com essas palavras, David concluiu a sessão.

CAPÍTULO 13

O PROCESSO DE RESULTADOS VERTICAIS

Paul chegou ao restaurante 15 minutos atrasado. Ele odiava se atrasar. Apesar de, em geral, ser uma pessoa tranquila, ultimamente Paul vinha se irritando um pouco com sua assistente. "Por que ela sempre escolhe os restaurantes mais movimentados e com as piores opções de estacionamento?", perguntou-se ele. Ele precisou estacionar a duas quadras dali e a vaga que encontrou ainda era meio suspeita... ele esperava não receber uma multa. Ele passou os olhos pelo restaurante lotado. Elas estavam lá; as duas mulheres já estavam sentadas e, pelo jeito, as coisas não iam tão bem.

"Caramba!", pensou Paul. "E eu que queria chegar mais cedo para alertar Jane sobre Amy." Ele se referia a Amy Jones, a nova diretora de recursos humanos da TechCorp.

Jane desviou o olhar de Amy e ficou aliviada ao ver Paul se aproximar. Ela sorriu e deu espaço para Paul se sentar. Ela e Amy não haviam se entendido logo de cara. Jane achou que Amy era uma pessoa teimosa e defensiva. "Por que as pessoas têm tanto medo de mudanças?", perguntou-se ela. "Que bom vê-lo, Paul!", cumprimentou ela.

Depois que eles fizeram o pedido ao garçom, Jane começou: "Amy, David queria que nos encontrássemos para falar sobre o processo de alinhamento que estamos implementando na TechCorp.

Ele valoriza sua opinião, e nós também. Especificamente, gostaríamos de falar sobre um novo *processo de resultados verticais*. Esperamos conquistar sua adesão e seu apoio para que o treinamento possa ter início assim que possível."

Amy tentou sorrir, mas se sentiu ameaçada e insegura. Ela não gostava da atenção que seu novo chefe vinha dedicando a Jane Baker. Ela não entendia direito o novo processo que eles estavam implementando e sentia que estavam invadindo seu território e sua área de expertise, já que ela sabia muito bem como liderar um departamento de RH. Afinal, a principal razão pela qual David a contratara foi sua vasta experiência na área.

"O que é um *processo de resultados verticais*?"

"Excelente pergunta, Amy." Jane estava dando o máximo de si para ser paciente com aquela mulher que ela considerava difícil.

"Gostaria de apresentar um breve resumo do *processo de resultados verticais* e ver o que você acha da ideia. Paul, me interrompa sempre que quiser acrescentar alguma coisa, certo?"

"Certo", respondeu Paul.

"Excelente. Quando introduzimos o *processo de resultados da equipe*, imagino que você tenha se perguntado onde a avaliação do desempenho dos membros individuais da equipe se encaixaria nisso. Bem, agora temos a resposta. Ela se encaixa no *processo de resultados verticais*. Mas estamos falando de um processo que vai muito além de apenas avaliar resultados. Ele se concentra em ajudar o colaborador. Na maioria dos ambientes de trabalho, as pessoas não recebem a atenção necessária do chefe. O chefe raramente tem tempo para orientar de forma adequada os colaboradores ou conduzir um acompanhamento apropriado; para se informar sobre suas dificuldades, encorajá-los a aprender com seus sucessos ou erros; ajudá-los a identificar as competências necessárias e orientá-los no aprimoramento dessas competências."

"Bom, se você está falando de resultados individuais, em todas as empresas em que trabalhei sempre tivemos uma avaliação de desempenho", retrucou Amy.

"Sim, mas a avaliação de desempenho tem alguns pontos fracos. Para começar, normalmente é conduzida apenas uma ou duas vezes ao ano. Muitas vezes, a avaliação é estressante e temida pelo colaborador. Além disso, por cobrir um período tão longo, na ocasião das avaliações as pessoas tendem a se lembrar apenas da performance das últimas semanas e se esquecer dos 10 meses antes disso. Como isso pode realmente ajudar as pessoas a se desenvolver? Como isso as encoraja? Como possibilita que lidem com os desafios diários de seu trabalho?", indagou Paul.

"Bem", respondeu Amy, "não acho que esses sejam os objetivos. Uma avaliação de desempenho só serve para dar uma visão geral da performance da pessoa e decidir se ela merece ou não um aumento".

"Justamente", confirmou Jane. "Mas o *processo de resultados verticais* é algo completamente diferente. É um processo que começa com uma reunião individual de coaching entre um gestor e seu subordinado direto, seguida pela ação em campo e de uma reunião de coaching subsequente para reflexão e aprendizado. O objetivo do coaching é ajudar o subordinado direto a ter sucesso com seus FCSs e IPSs e é conduzido de maneira positiva e dotando os subordinados de empowerment."

"Promover o empowerment é trabalho meu!", interrompeu Amy incisivamente. "Por que vocês acham que temos um departamento de recursos humanos? Como acham que os gestores vão ter tempo de conduzir o tipo de coaching que vocês estão sugerindo? Isso não só não tem cabimento, como também sobrecarrega ainda mais as pessoas. Essas ideias parecem interessantes, mas acho que não têm fundamento algum e não são viáveis. E podem acreditar, eu sei bem do que estou falando."

Neste exato momento, o celular de Amy tocou. Era David. "Só um momento", disse Amy. "Preciso atender esta ligação do meu chefe."

"Oi, Amy, como vai indo o almoço?", perguntou David.

"Tudo bem, tudo bem."

"Só queria encorajá-la a aprender o máximo possível sobre o *processo de resultados verticais* que vamos implementar na empresa. O *processo de resultados da equipe* já está apresentando um impacto incrível na TechCorp e acho que esse novo processo pode fazer o mesmo. Quero que saiba que você será a encarregada de implementar esse projeto. Na verdade, seu FCS será o sucesso desse projeto. Então, aprenda o que puder hoje. Quero avançar com isso o mais rápido possível. Mande um abraço meu a Paul e Jane e tenha um bom almoço!"

"Obrigada, vou tentar", murmurou ela.

Jane e Paul não faziam ideia do que o chefe dissera, mas notaram que a atitude de Amy melhorou muito depois do telefonema.

A comida chegou e eles relaxaram e começaram a comer. Depois da refeição, Amy disse: "Certo, vamos em frente. Quero conhecer mais detalhes desse processo e, se vocês não se incomodarem, gostaria de fazer anotações."

"Ótimo!", exclamou Paul. "Então vamos lá; me interrompa sempre que tiver alguma dúvida."

"Como Jane estava dizendo", continuou ele, "o *processo de resultados verticais* é uma forma de coaching individual que o colaborador recebe de seu chefe. É como o outro lado da moeda das equipes focadas para cima, já que esse processo do qual estamos falando é focado para baixo. É um tipo de 'apoio de cima para baixo', que vai descendo em cascata pelas camadas da organização. É verdade que os chefes já estão se esforçando para dar atenção a seus colaboradores. Mas este é um processo sistemático, com um plano e uma metodologia".

"Será que vocês poderiam descrever a metodologia?", pediu Amy.

"Claro", respondeu Jane, animadamente.

"O processo começa com uma reunião com um colaborador direto. A reunião deverá cobrir quatro pontos: *cultura, performance, desenvolvimento* e *outros tópicos importantes*. Tudo bem até aqui?" Amy confirmou com um gesto de cabeça. "Então vamos começar com a conversa sobre cultura. Essa conversa objetiva eliminar comportamentos destrutivos ou promover comportamentos desejáveis do colaborador. Com isso, o gestor se transforma em um agente da mudança cultural e ajuda o colaborador a alinhar seus comportamentos aos valores essenciais da empresa."

"Sim, mas e os gestores que precisam mudar os próprios hábitos? Como saberiam desenvolver bons hábitos em seus colaboradores?"

"Bem lembrado, Amy, e é bem verdade que isso acontece", comentou Paul. "Como você sabe, a mudança cultural requer tanto uma autotransformação quanto a transformação dos outros. Quando os gestores conduzem reuniões verticais com seus colaboradores, não apenas desenvolvem os colaboradores, como também desenvolvem a si mesmos. Quanto à questão que você levantou, a eficiência dos gestores na transformação do comportamento alheio depende de sua autotransformação e de seu próprio aprendizado."

Amy assentiu com a cabeça. Quando ela realmente parou para pensar sobre o que estavam dizendo, percebeu que fazia muito sentido. O garçom chegou para anotar os pedidos de sobremesa.

"A segunda parte de uma reunião vertical é o coaching da performance", prosseguiu Jane. "Nessa parte da sessão, o gestor e o colaborador avaliam o Relatório de Foco do subordinado direto. Juntos eles analisam o status dos fatores críticos de sucesso e das iniciativas e comparam a performance com as metas. Depois eles avaliam os planos de ação que o colaborador já elaborou para melhorar o status de seus indicadores e ajustam os planos se necessário."

"Em seguida, o chefe e o colaborador se concentram nas habilidades essenciais necessárias para que o colaborador tenha sucesso. Eles avaliam os níveis de competência do colaborador em cada habilidade, conversam sobre como as habilidades poderiam ser melhoradas e elaboram um plano de desenvolvimento para cada habilidade. Com isso, o chefe dá o apoio que o colaborador precisa para avançar aos próximos níveis de competência."

"Bom", exclamou Amy, "mas vocês não acham que isso está muito fora da alçada dos gestores? Desenvolvimento de habilidades, treinamento, educação... tudo isso é de responsabilidade do RH!".

"Entendo que você se sinta assim", tranquilizou-a Jane. "Mas, apesar de o departamento de RH poder ajudar no treinamento e até conduzi-lo, o que distingue esse processo é que a responsabilidade pelo desenvolvimento é atribuída ao colaborador e a responsabilidade pelo coaching é atribuída a cada chefe. Acreditamos que as responsabilidades são deles, não do RH."

Amy não disse nada.

"A quarta parte da reunião vertical", continuou Paul, "diz respeito a outros tópicos importantes e variados. É meio que uma categoria que inclui 'todo o resto'. Pode haver tópicos considerados importantes ou oportunos pelo colaborador ou pelo chefe, e eles precisam ter algum tempo alocado para avaliá-los".

"Por que não pular essa parte?", interpelou Amy.

"Porque as necessidades dos indivíduos não devem ser ignoradas. Além disso, saber que um tempo foi reservado para a categoria 'outros' ajuda os dois a se concentrarem nos três primeiros tópicos."

"Você está sugerindo que todos os gestores devem adotar o *processo de resultados verticais*?", indagou Amy.

"Justamente", respondeu Paul.

"Concordo com Paul", disse Jane. "Esse processo libera o poder do indivíduo. Ele é a ferramenta mais importante para desenvolver excelentes gestores por toda a organização. Como você sabe, David atribui alta prioridade a isso."

Amy baixou um pouco a guarda, mas ainda não estava convencida. "Vocês acham mesmo que os gestores deveriam reservar um tempo em suas agendas já ocupadíssimas para essas reuniões individuais?", inquiriu ela.

"Sempre há tempo para as atividades mais importantes. O impacto que esse processo de coaching tem no empowerment do próximo nível é tão expressivo que o gestor acaba com mais tempo do que antes. Imagine o tempo poupado quando não for mais necessário andar por aí apagando incêndios, dando orientações constantemente e até dizendo às pessoas como as orientações devem ser executadas. É uma simples questão de custo/benefício. O *processo de resultados verticais* substitui outras reuniões dos gestores com seus subordinados diretos e os retornos são incríveis. Qual poderia ser um investimento melhor de tempo do que investir nas pessoas?", confirmou Jane.

"Sinceramente", retrucou Amy, "tenho os meus próprios planos para promover o empowerment dos gestores que não requerem esse tipo de ritual mensal. Meus planos estão em perfeita sintonia com as práticas de algumas das melhores empresas e não acho que esteja disposta a abandoná-los".

"Fico feliz com sua sinceridade, Amy", disse Jane. "Mas esses tipos de práticas nem chegam perto do processo que estamos propondo. Por exemplo, qual porcentagem de seus gestores é do calibre de David? Sei que você vai dizer que temos apenas um CEO, de forma que a porcentagem seria baixa. Deixando de lado o cargo dele, qual porcentagem dos gestores da empresa são gestores de primeira classe, gestores capazes de obter resultados excelentes dando autonomia de decisão, desenvolvendo e motivando seus colaboradores?"

"O número continuaria baixo", respondeu Amy. "É justamente por isso que tenho planos para desenvolver esses gestores."

"Você poderia chutar qual seria essa porcentagem?", insistiu Jane.

"Entre 5% e 10%, talvez", admitiu Amy.

"Então, para você ver, muitos dos planos que já foram implementados na empresa não foram capazes de produzir o número elevado do qual precisamos", comentou Paul. "Considerando a visão do XCorp Group de nos tornar uma das 10 melhores empresas de comunicação do mundo, essa porcentagem precisa aumentar exponencialmente para chegar aos 100%. Vocês precisariam de milhares de gestores para ter as competências necessárias. Amy, não é possível conseguir números tão elevados com os processos que vocês implementaram ou com meros ajustes no modelo antigo. É por isso que David quer que esse processo avance rapidamente."

"David pode contar com meu apoio", disse Amy. "O que vocês sugerem que eu faça?"

"Você se lembra do treinamento de dois dias para oito coaches de promoção da cultura que conduzimos dois meses atrás a fim de esclarecer o *processo de resultados da equipe*?", indagou Paul.

"Sim, lembro", respondeu Amy.

"Você foi convidada a participar, mas não pôde comparecer ao treinamento. Precisamos colocá-la a par do que foi discutido, já que você também deve ser uma coach. E não é só isso. Queremos que você lidere essa equipe de coaching. Você poderia fazer uma grande diferença na promoção da mudança cultural para o ano que vem. Também queremos que organize um encontro de três dias com esses coaches para compartilhar o que eles aprenderam com suas experiências com o *processo de resultados da equipe*, para esclarecer o *processo de resultados verticais* e ajudar em sua implementação."

"Quando você acha que poderia reunir esse grupo?", perguntou Jane.

"Acho que em duas semanas, mais ou menos", respondeu Amy, mais animada. Agora que ela conseguia ver com mais clareza o seu papel no processo, ela sentia menos necessidade de manter sua postura defensiva. E ela estava ansiosa para implementar o que fosse importante para seu novo chefe.

"Queremos que os coaches desenvolvam as habilidades necessárias para acompanhar os gerentes de linha nas reuniões verticais de maneira significativa e positiva", explicou Paul.

"Sem problema, podem deixar comigo!", confirmou Amy, entusiasmada.

"Sua ajuda é muito importante, Amy", assegurou Jane. "Na verdade, acho que o mais correto seria dizer que nós é que estamos ajudando você, e não o contrário, porque o verdadeiro impulsionador desse processo é o RH. Esse processo ajudará em muitas metas do departamento de RH e é por isso que a implementação do *processo de resultados verticais* pertence a você. Somos apenas seus auxiliares para ajudá-la a dar o pontapé inicial nesses primeiros estágios."

Amy estava radiante ao sair do restaurante.

* * *

Andrew Carlson foi a primeira pessoa a ter uma reunião vertical com seu chefe, David. Ele acreditava firmemente no processo e estava ansioso para ser o primeiro a passar pela experiência. A reunião vertical teve início em uma segunda-feira às 8 horas, em uma sala de reuniões da TechCorp. Jane e Amy compareceram como observadoras "invisíveis" – pessoas que observam em silêncio sem participar. David deu início à conversa.

"Esta é a minha primeira reunião vertical e fico feliz que ela seja com você, Andrew. Sei de seu entusiasmo com o processo e isso facilita muito as coisas para mim. Essa é uma reunião importante, já que substitui as outras reuniões que costumávamos conduzir para avaliar os resultados."

David repassou as regras básicas que ele adotara para suas reuniões com a equipe para verificar se elas se aplicavam também à reunião vertical. Eles constataram que as regras básicas se aplicavam. David e Andrew desligaram o celular e David ligou para a secretária pedindo para que não os interrompesse, exceto no caso de alguma emergência. Depois, David entrou no software TOPS com sua senha e empurrou seu laptop na direção de Andrew, dizendo: "Quero que você registre o que foi combinado nesta sessão e monitore as regras básicas. Você tem o poder da caneta e o poder de nos lembrar se nos desviarmos das regras básicas."

"A primeira parte de nossa conversa hoje será sobre cultura", prosseguiu David. "Essa parte se concentra em ajudá-lo a alinhar seus comportamentos aos nossos valores essenciais. Não estou dizendo que você não esteja alinhado, mas todos nós precisamos melhorar sempre. Na minha reunião vertical com Brian, falaremos sobre comportamentos que eu precisarei mudar."

Andrew sentiu o desconforto de David ao falar sobre o tópico. "Não se preocupe", disse ele. "Sou totalmente a favor de alinhar os comportamentos aos valores. Acredito que todo mundo deveria trabalhar ativa e deliberadamente para se livrar dos maus hábitos. Quando participei da sessão com o Infoman, fiquei meio cético no início, mas aquela experiência me transformou. Passei anos convivendo com hábitos destrutivos que precisavam ser combatidos. Você conhece a Shirin Chandra?"

"Conheço, claro", respondeu David.

"Shirin e eu trabalhamos juntos para promover algumas mudanças em comportamentos específicos que cada um identificou e, em três meses, nós dois fizemos enorme progresso. Então estou mais do que aberto para trabalhar em outras mudanças que se fizerem necessárias."

O comentário de Andrew deixou David mais à vontade. "Fiquei pensando em um comportamento específico que eu poderia encorajá-lo a melhorar", disse ele, "e, sinceramente, não consegui pensar em nada, e o mérito é todo seu."

"Não se preocupe", comentou Andrew. "Já tenho uma longa lista e prometo que continuarei a me empenhar para melhorar. Mais especificamente, estou trabalhando em melhorar 'cumprir compromissos no prazo', de 95% para 100%."

"Excelente!", observou David.

Em seguida, David direcionou a atenção de Andrew para o tema da performance e pediu que Andrew mostrasse seu Relatório de Foco no TOPS. O relatório de Andrew mostrava um fator na zona verde e dois fatores na zona vermelha, sendo que um deles apresentava boa tendência.

"Para esse fator 'índice de retenção do cliente', que tem uma boa tendência, apesar de ainda estar na zona vermelha, o que você fez para transformar a tendência de 'ruim' a 'boa'?", perguntou David.

"Você se lembra da guerra de preços pela qual passamos e a estratégia que implementamos para nos aproximar de nossos clientes?"

"Sim, lembro", respondeu David.

"O que você fez na ocasião é que mudou a tendência."

"E você acha que essa tendência positiva será suficiente para levá-lo à zona verde ou tem um plano para chegar lá?"

"Não tenho nenhum plano de ação, só algumas ideias."

"Você precisa de um plano", aconselhou David. "Sugiro que você transforme suas ideias em um plano de ação e o inclua no TOPS. Tente elaborar o plano de ação com a participação de seus colaboradores. Isso ajudará o plano a ser mais criativo."

Andrew abriu o modelo de pauta de reuniões verticais do TOPS e digitou "Desenvolver um plano de ação para o 'índice de retenção do cliente' no TOPS" e alocou à tarefa um prazo de duas semanas.

"Hoje estamos só começando o processo", explicou David. "Sei que muitas coisas ainda não foram implementadas, mas, na próxima reunião vertical, eu gostaria de repassar todos os planos de ação que você elaborou para todos os indicadores de seu Relatório de Foco, especialmente os da zona vermelha. Se seus fatores forem FCGs, espero ver planos de ação *delta*."

Concluída a conversa sobre performance, David passou a Andrew uma folha de papel onde ele identificara cinco habilidades críticas que achava que Andrew precisava para cumprir suas funções: negociação; administração de vendas; comunicação; capacidade de articular o valor da oferta; e aplicação de modelos quantitativos para estimativas de crescimento. David perguntou a Andrew se ele concordava com as habilidades e se gostaria de acrescentar algumas. Andrew concordou com a lista e optou por trabalhar naquelas habilidades antes de acrescentar outras. Eles concordaram em avaliar independentemente as habilidades utilizando os critérios de *extensão do esforço* e *nível de supervisão*. Feito isso, eles poderiam discutir como cada um avaliou as habilidades e falar sobre os planos de desenvolvimento de competências na próxima reunião vertical.

O quarto tópico da conversa era a categoria "vários". Andrew achou que poderia ser um bom momento para falar sobre um assunto bastante pessoal. Ele pedira Shirin em casamento e ela aceitara. Ele estava exultante. Agora ele queria conversar com David sobre qual seria um bom momento para tirar férias. David ficou surpreso de início, mas, quando parou para pensar, percebeu que eles formariam um excelente casal. Apesar de serem bastante diferentes em muitos aspectos, pareciam complementar-se.

"Antes de qualquer coisa, meus parabéns, Andrew", cumprimentou David, estendendo a mão.

"Obrigado, não vejo a hora de começar minha vida com ela. Temos tanta coisa em comum", respondeu Andrew, radiante.

CAPÍTULO 14

REMUNERAÇÃO

Ted Finley atuava como CFO do XCorp Group desde que se formou. Ele tinha boas relações de trabalho com Brian, embora não tivessem um relacionamento excessivamente estreito.

Ted sempre foi um CFO absolutamente correto com as finanças do Grupo e sobreviveu à onda de queda de muitos CFOs que não tinham uma postura tão escrupulosa. Sua atitude era do tipo "Esteja sempre preparado!". Em outras palavras, estude as leis e cumpra-as rigorosamente. Não cumprir as regulamentações poderia resultar em demonstrações financeiras imprecisas, o que, por sua vez, poderia levar a graves problemas para o XCorp Group e para Ted. Por isso, Ted mantinha uma postura conservadora e criteriosa. Ele não queria ser um daqueles CFOs que as pessoas viam no noticiário sendo conduzidos, algemados, a um carro da polícia.

Mas Ted estava preocupado e pediu para falar com Brian. Ele estava cada vez mais incomodado com o que considerava crescente falta de uniformidade na remuneração dos gestores das várias empresas do Grupo. Além do fato de a maioria dos altos executivos nos Estados Unidos receber salários excessivos (todo mundo sabia disso), parecia que os salários no XCorp Group eram definidos ao acaso. Um dos amigos dele comentou, brincando, sobre a disparidade salarial: "Você não ganha o que vale, ganha o que consegue negociar." Mas, depois da aquisição das empresas, uma disparidade ainda maior se desenvolveu no Grupo.

Brian o recebeu com um sorriso. "E como vai o golfe, Ted? Fiquei sabendo que você está quase pronto para o campeonato profissional."

"Com meu handicap? Que piada!" Ted ficou satisfeito ao saber que Brian estava ciente de sua habilidade no golfe.

"Então, o que se passa, Ted? Você mencionou alguma coisa sobre planos de remuneração ao telefone. Você não pretende pedir um aumento, não é?"

"Não, não se preocupe, estou ganhando o suficiente, pelo menos por enquanto..." Ele fez uma pausa: "Estive avaliando a remuneração do Grupo. Especialmente desde a aquisição da TechCorp, nossa remuneração parece não seguir critério algum. Os salários não têm relação alguma com a performance, isso é certo, porque os CEOs das unidades de negócios de pior performance são os que mais ganham. Não sei ainda como fazer isso, mas gostaria de propor uma avaliação da remuneração e elaborar um plano de remuneração mais coerente."

"Parece-me uma boa ideia. Você tem alguma coisa em mente?"

"Na verdade, não, mas a área de recursos humanos pode ter alguma ideia."

"Vou ligar para a Gail e ver o que ela acha, que tal? Talvez possamos marcar uma reunião nós três. Só um momento." Ele ligou para o ramal de Gail.

"Oi, Gail, é Brian."

"Ah, como vai, Brian?", Gail o cumprimentou. "Estávamos falando de você agora mesmo!"

"Nós quem?", quis saber Brian.

"Bom, Amy, da TechCorp, está aqui e estávamos conversando sobre os chefes e seus estilos de liderança e seu nome foi mencionado..."

"Coloque-a no viva-voz", pediu Brian. "Oi, Amy, espero que minha comparação com o Dave tenha sido favorável."

"Oi, senhor Scott, sim, claro que sim." Amy ainda se sentia um pouco acanhada com Brian.

"Bom, Amy e Gail, estou com Ted na linha também", anunciou Brian. Eles se cumprimentaram.

"Ted está um pouco preocupado com nosso sistema de remuneração ou, melhor dizendo, com nossa falta de sistematização. Como essa é a área de vocês, achei que pudéssemos conversar."

"Na verdade, Brian, esta manhã mesmo conversei com Jane sobre alinhamento", disse Gail. "Ela estava explicando que não podemos ter uma organização verdadeiramente alinhada sem ter uma remuneração alinhada."

"Bom, só posso dizer que o timing é excelente", Brian comentou. "Que tal nos reunirmos para conversar a respeito? E chame Jane também, para sabermos o que ela acha. Que tal na próxima segunda-feira à tarde? Todo mundo concorda?"

Todos checaram suas agendas e incluíram a reunião. Brian desligou o telefone.

"Ted, muito obrigado por chamar minha atenção para esse problema. Como você sabe, estamos tentando alinhar todos os nossos processos à visão e à estratégia do Grupo. Naturalmente, a remuneração é uma parte importante da equação."

"Bom, é para isso que você me paga, Brian." Ted se levantou e se despediu sorrindo. "Tenha um ótimo dia e até segunda."

* * *

"Muito bem apontado, Brian", Jane disse na reunião de segunda-feira, quando ouviu suas preocupações referentes a um plano uniforme de remuneração. "Acho que a questão da justiça é especialmente relevante. Mas eu não recomendaria uma mudança radical da noite para o dia porque esses salários são negociados e podem ter sido baseados em outros fatores, como padrões do setor, histórico operacional etc., e o sistema de vocês foi desenvolvido ao longo de muitos anos."

"O que recomendamos é começar agora alinhando os bônus individuais à contribuição de cada um para a organização", continuou Jane.

"Os vendedores ganham bônus", disse Brian.

"Eu sei", respondeu Jane. "Mas me refiro a um processo de distribuição de bônus a todos os gestores da empresa."

"Como vocês propõem fazer isso?", indagou Gail.

"Usando os critérios de resultados, cultura e competência", respondeu Jane.

"O que exatamente você quer dizer com 'resultados'?", quis saber Ted.

"Refiro-me à performance da pessoa quanto aos fatores críticos de sucesso ao longo de determinado período. Como os fatores já estão alinhados à visão e à estratégia do Grupo, a performance nesses fatores reflete a contribuição do indivíduo para a empresa. O software TOPS poderá monitorar esses dados para vocês e calcular uma pontuação de contribuição. É isso que quero dizer com 'resultados.'"

"A performance em cultura e competência também é monitorada pelo software, embora seja mais subjetiva."

"Como assim?", indagou Amy.

"O chefe de cada um responde a um questionário e as respostas são convertidas em uma pontuação pelo software."

"Que tipo de temas o questionário cobriria?", perguntou Amy.

"Adequação à cultura e progresso no desenvolvimento da competência", explicou Jane. "Por exemplo, um comportamento específico particularmente importante para sua cultura pode ser a pontualidade, ou a conclusão dos projetos no prazo. Seria possível incluir uma questão a respeito no questionário. Se o critério for a competência, vocês poderiam perguntar quanto o indivíduo progrediu em seus níveis de habilidades essenciais. O chefe poderia avaliar a porcentagem de habilidades essenciais de um colaborador que foram elevadas ao nível L4 e, com base nessa porcentagem, poderia atribuir uma pontuação para a competência."

"O software combina os resultados da performance do Relatório de Foco com as pontuações de cultura e competência do questionário e, de acordo com uma porcentagem ponderada, gera uma pontuação única de contribuição, que chamamos de *índice de contribuição*." Jane se voltou para Paul, que a acompanhara na reunião, e pediu que ele explicasse como o software calculava o índice.

"Claro", concordou Paul. "O software tem uma opção que permite aos colaboradores checarem seu índice de contribuição a qualquer momento. Vejam só isso." Paul projetou o TOPS e mostrou aos executivos como funciona o recurso "remuneração" do software.

"Não vou entrar nos detalhes da fórmula agora", explicou Paul, "mas basta dizer que, no fim das contas, o bônus de cada colaborador individual é calculado de acordo com seu índice de contribuição. Ele é calculado em termos percentuais, e essa porcentagem é aplicada à sua fatia potencial disponível da torta".

"Uma vez que os bônus forem vinculados ao índice de contribuição", observou Jane, "vocês poderão começar a elaborar um plano para vincular aos poucos os salários ao índice de contribuição também. Mas isso pode levar mais tempo".

"Incrível!", exclamou Ted. Todos ficaram em silêncio por alguns minutos.

"O software já está sendo utilizado na maioria dos negócios", observou Brian. "Podemos implementar o módulo de 'remuneração' na XCorp US, depois na TechCorp e depois nos outros negócios."

Jane e Paul ficaram impressionados com a determinação de Brian. Eles se levantaram para se despedir.

"Podem contar com a gente", asseguraram Paul e Jane, quase em uníssono.

"Bom, Ted", disse Brian depois que os outros saíram. "O que você acha? Está satisfeito?"

"Sim", respondeu Ted, com um sorriso. "Teremos um sistema de remuneração que não apenas recompensará a performance, como também estará alinhado à nossa visão e estratégia. E isso também servirá como um incentivo para o fortalecimento das competências necessárias para nosso futuro. Eu não poderia estar mais satisfeito!" Com isso, ele se despediu e saiu para o jogo de golfe de fim de tarde.

PARTE 3

ALINHAMENTO TOTAL

CAPÍTULO 15

REFLEXÃO

Brian estava no auge de seu sucesso. Sua empresa estava prosperando. Ele havia conquistado o respeito do meio empresarial e se tornara uma pessoa reconhecida no país inteiro. Sua família se orgulhava dele. Ele tinha muitos amigos próximos. Tudo ia muito bem.

Foi quando uma crise se abateu. O maior defensor de Brian no conselho de administração do XCorp, Ken Patterson, um homem de 65 anos e extremamente íntegro, faleceu subitamente de ataque cardíaco. Ken fora um empreendedor que acumulou enorme riqueza, influenciou a vida de centenas de pessoas e fez grandes doações para instituições de caridade e projetos importantes. Ele faria muita falta no mundo.

A morte de Ken afetou Brian profundamente, forçando-o a se conscientizar da própria mortalidade e reavaliar sua vida. "Qual é o sentido da minha vida?", pensou ele, enquanto dirigia para o funeral de Ken. "Será que estou dedicando meu tempo às coisas certas?"

O funeral foi um tributo impressionante a um grande homem. Na recepção, Brian conversou com a família de Ken, inclusive sua filha única, Susan, e transmitiu suas condolências.

Enquanto isso, Peter Bergman via a morte de Ken como uma chance de realizar seu sonho de assumir o controle do XCorp. Ele sabia que Ken Patterson detinha uma boa porcentagem das ações do Grupo.

Algumas semanas mais tarde, Peter entrou em contato com Susan e propôs encontrar-se com ela na mansão da família. Ele se ofereceu para comprar as ações do XCorp a um preço ligeiramente acima do valor de mercado. Era uma oferta difícil de recusar, mas Susan tinha suas reservas. Ela sabia como seu pai se sentia em relação ao XCorp e não queria liquidar seu patrimônio tão rapidamente. Susan disse a Peter que precisaria pensar sobre a oferta. Para tranquilizá-la, Peter se ofereceu para lhe dar a opção de revogar sua decisão num período de 30 dias. Ele estava certo de que sua aquisição do XCorp desvalorizaria temporariamente o preço das ações e que Susan não quereria mudar de ideia.

A proposta de Peter convenceu Susan a aceitar a oferta. Os advogados dela prepararam a documentação necessária para a transferência das ações, inclusive a opção de rescindir a venda, e os advogados de Peter tomaram providências para a conclusão da transação. Peter pagou pelas ações em parte com dinheiro e em parte com notas promissórias com a incidência de juros. Três dias depois, em uma segunda-feira de manhã, Peter e Susan assinaram os documentos para a transferência das ações.

Peter estava exultante. Apesar de saber que a transferência levaria algum tempo e exigiria determinadas aprovações, agora ele era o maior acionista do XCorp Group e sentia que teria controle suficiente do conselho de administração para fazer o que quisesse. Ele pediu ao motorista que o levasse ao prédio do XCorp. Ele adorava percorrer a cidade em seu novo Mercedes, conduzido por um chofer. Ele observou com orgulho as ruas de Nova York e eles logo se aproximaram do impressionante prédio do XCorp. "Realizei uma façanha quase impossível!", refletiu. Ele mandou que o motorista parasse o carro no estacionamento executivo do prédio, perto da vaga reservada para Brian e esperasse por ele lá. Ele pegou o elevador até o andar superior, foi diretamente à sala de Brian Scott e foi recebido por Joanne Evans.

"Como posso ajudá-lo, senhor Bergman?", perguntou ela.

"Estou aqui para falar com Brian. Ele está no escritório?".

"Ele está em uma reunião. O senhor tem hora marcada?".

"Não preciso disso", respondeu Peter, andando rapidamente na direção da porta de Brian.

"Por favor, espere que eu informe ao senhor Scott que o senhor está aqui."

Peter ignorou Joanne e abriu a porta da sala de Brian.

Brian estava sentado em um sofá na área de reunião conversando com vários banqueiros. Ele ficou chocado ao ver Peter invadindo a sala. Antes de Brian pronunciar uma palavra sequer, Peter se encaminhou à mesa, pegou o telefone e pediu a Joanne para ligar para Gail, a vice-presidente de recursos humanos.

"Senhor Scott", anunciou Peter, "o senhor está despedido. Pegue seus pertences e saia daqui. Gail Locke providenciará a documentação necessária".

Brian ficou perplexo: "Quem é você para me demitir?", inquiriu ele.

"Sou o maior acionista deste Grupo e controlo o conselho de administração. Detenho todas as ações de Ken Patterson", respondeu Peter, agitando o acordo com Susan Patterson diante do rosto de Brian.

"Não é possível, não acredito que você tenha o voto do conselho", comentou Brian.

"Não se preocupe com isso, é só uma questão de tempo."

Brian não sabia como lidar com a situação. Ele decidiu afastar-se em vez de encarar um confronto.

Brian não podia acreditar no que havia acontecido. Ele se culpou por não ter previsto a manobra de Peter. Ele pegou seu laptop e saiu da sala dizendo: "Você terá notícias de meus advogados." Ele desceu para o estacionamento e, ao se dirigir ao carro, não pôde deixar de notar o novo Mercedes estacionado ao lado de sua vaga com um chofer ao volante. De repente, ele se voltou e deu outra olhada no motorista, que parecia conhecido. Brian se aproximou e deu outra olhada para confirmar suas suspeitas. Sim, era o mesmo motorista que estava dirigindo a limusine no dia em que ele fora sequestrado. Brian entrou em seu carro e saiu dirigindo.

Ele foi para casa pensando em possíveis maneiras de contra-atacar e acabou chegando à conclusão de que não tinha votos suficientes no conselho de administração para combater a aquisição do controle. Era apenas uma questão de porcentagens e controle, e agora o controle estava nas mãos de Peter.

Brian foi recebido no meio da manhã por uma casa vazia. Os filhos estavam na escola. A esposa estava no trabalho. O golden retriever deles latiu no quintal dos fundos. Brian entrou em casa e foi direto a seu escritório. Ele repassou uma pilha de cartões de visita que tinha na mesa e conseguiu encontrar o cartão do detetive encarregado da investigação de seu sequestro. Ele ligou para o número impresso no cartão e disse ao detetive Cummings que um de seus agressores era o motorista de Peter Bergman. Ele sabia que deveria haver uma ligação. O detetive lhe assegurou que investigaria o fato.

Depois, Brian trocou de roupa, serviu-se um drinque e saiu para o jardim. Ele decidiu deitar-se na rede perto da piscina e tentar relaxar. Enquanto se balançava suavemente na rede, ele olhou para o céu e se pôs a refletir sobre os principais eventos de sua vida. Ele se formara com honras em uma das universidades mais importantes do país, trabalhou em uma empresa de prestígio da lista *Fortune 100* nos primeiros 10 anos de sua carreira e foi o CEO de três empresas em dificuldades na década seguinte. Ele desenvolveu um excelente histórico como um CEO de revitalização. Quando concordou em assumir a XCorp, ele recuperou a empresa e a ajudou a crescer e se transformar em um empreendimento de sucesso. Depois ele adquiriu a TechCorp e liderou com sucesso a fusão com a família XCorp. Agora tudo isso havia chegado ao fim. Ele sabia que, com Peter na liderança, o XCorp Group despencaria ladeira abaixo.

"Se o XCorp cair", pensou ele, "toda a energia que dediquei ao Grupo nos quatro últimos anos terá sido em vão. E todas as noites e fins de semana que sacrifiquei... tempo que eu poderia ter passado com minha esposa e filhos...". Brian estava imerso em pensamentos, tentando digerir os acontecimentos do dia.

Jennifer chegou em casa no fim da tarde e estacionou seu carro ao lado do de Brian. Ela ficou surpresa ao ver o marido em casa tão cedo. Ela entrou pela garagem e olhou pela janela da cozinha, que dava para o quintal dos fundos. Lá estava ele, com a filha, mergulhando na piscina. Ela saiu para se unir a eles. "O que você está fazendo aqui?", perguntou ela ao marido relaxado e aparentemente alegre.

"Fui demitido", Brian gritou enquanto nadava na direção da escada.

"Bom, ele não se parece nem um pouco com uma pessoa que acabou de ser demitida", pensou Jennifer consigo mesma.

"É brincadeira, não é?", perguntou ela. "Eles não podem despedi-lo, você é o chefe!"

Brian subiu as escadas para sair da piscina. Ele se aproximou de Jennifer e lhe deu um beijo.

"Não é brincadeira", disse ele. "Estou livre como um pássaro, sem nenhuma responsabilidade!"

"Você parece tão feliz, querido", observou ela. "Que diabos aconteceu?"

Brian relatou os acontecimentos da manhã, que já lhe pareciam distantes, como um sonho.

"Então, o que você pensa em fazer?", Jennifer perguntou.

"Vou dar um tempo até decidir o que fazer com o resto da minha vida."

Enquanto Jennifer pensava na resposta, Brian sugeriu: "Por que não tiramos férias mais cedo este ano? Digo, na semana que vem, quando as crianças entrarem de férias na escola. Vamos para um resort na praia, o mais longe daqui que pudermos."

"Adorei a ideia. Só preciso ver se vou poder antecipar as férias", respondeu Jennifer.

Brian ligou para seu agente de viagens e descreveu o tipo de destino de férias que queria. Marbella, na Espanha, foi a resposta. Marbella, uma cidade litorânea do sul da Espanha, perto do norte da África, era muito, muito longe dali.

Na manhã seguinte, a notícia sobre o golpe no XCorp caiu na boca do povo, e o breve descanso de Brian chegou ao fim. Ele recebeu dezenas de ligações, algumas de amigos que já tinham ouvido a história. Outras ligações vinham de membros do conselho de administração de grandes empresas com ofertas de emprego. O número de ligações ficou tão insuportável que ele parou de atendê-las. E desligou o celular.

No fim da tarde, Jennifer disse a Brian que conseguiria antecipar as férias. Pouco tempo depois, a família Scott partiu para férias de duas semanas na Espanha.

* * *

Peter Bergman, o novo CEO do XCorp, sabia que a saída de Brian teria um impacto negativo inicial sobre o preço das ações do Grupo. Ele sabia que os analistas de mercado estavam de olho para ver qual seria seu próximo passo. E sabia muito bem que não deveria trair a confiança dos acionistas. Ele ligou para George Drake, sócio-diretor da Prime Consulting Company, em busca de ajuda. Ele pediu que George passasse uma semana avaliando a situação do XCorp e solicitou que recomendasse algumas ações de curto prazo para melhorar a imagem do Grupo no mercado financeiro – ações que poderiam incluir grandes ondas de demissão ou alterações na alta liderança do Grupo.

George passou uma semana analisando os dados financeiros do XCorp, entrevistando membros da alta administração da empresa e elaborando um relatório de recomendações. Peter queria fazer mudanças drásticas; de outra forma, ele seria visto como o homem que demitira desnecessariamente um CEO competente. Ele queria encontrar alguma coisa para poder culpar Brian Scott.

Duas semanas depois da demissão de Brian, Peter estava em uma reunião com George em sua sala. Eles estavam discutindo o relatório de George e tentando decidir a melhor linha de ação. Peter ficou decepcionado ao ouvir que o conselho de George era não realizar nenhuma mudança drástica. A empresa estava bem organizada e era a líder mundial em eficiência operacional em muitos de seus produtos e serviços. Na verdade, o Grupo tinha uma excelente visão e estratégia.

"Mas eu quero fazer mudanças. Não posso trabalhar com a equipe atual. A primeira mudança que quero fazer é me livrar de qualquer vestígio do Infoman", Peter explicou.

"Não tem ninguém com esse nome trabalhando aqui", respondeu George.

"Bom, podemos nos livrar do sistema que ele implementou no Grupo."

"O sistema é excelente", elogiou George, que se informara com Paul Harris.

"Também preciso demitir toda a equipe da alta administração e trazer novos talentos de fora. Estou pensando em usar uma empresa de headhunting com que eu costumava trabalhar na TechCorp."

George pareceu hesitante.

De repente, a porta foi aberta e dois homens sérios vestindo ternos cinza entraram. Os dois homens haviam se aproximado da mesa de Joanne alguns minutos antes, pedindo para falar com Peter Bergman. Joanne informou que o chefe estava em uma reunião. Um deles retirou uma carteira do bolso e mostrou sua identidade a Joanne, dizendo enfaticamente: "Somos do FBI e precisamos ver o senhor Bergman. Agora!"

Chocada com mais um incidente bizarro ocorrendo no escritório, Joanne tentou pedir para eles esperarem até ela avisar Peter. Mas eles a ignoraram e entraram sem ser anunciados na sala de seu novo chefe.

Um deles se dirigiu a Peter e mostrou seu distintivo. "Somos do FBI. Você está preso, senhor Bergman, acusado de negociações privilegiadas e sonegação de impostos. Você também é acusado de planejar o sequestro de Brian Scott. Aqui está o mandado de prisão."

Desde que fora demitido do XCorp, Peter se envolvera em negociações de ações usando informações confidenciais da empresa de seu sogro. Ele tinha usado várias empresas-fantasma para cobrir os lucros e acumulara uma fortuna. Foi assim que conseguira adquirir o controle do XCorp. Mas o FBI conseguiu rastrear o fluxo de fundos.

"O senhor tem o direito de permanecer em silêncio. Tudo o que disser poderá e deverá ser usado contra o senhor no tribunal." Eles algemaram Peter e o escoltaram para fora do escritório. George ficou pasmo e saiu sem dizer nada.

A notícia da prisão de Peter se espalhou rapidamente e, na manhã seguinte, já estava na primeira página dos jornais. "Preso o Novo CEO do XCorp".

Charles Bates, um dos principais acionistas do XCorp, respeitava Brian profundamente e ficara perturbado ao saber de sua de-

Reflexão

missão. E ficou ainda mais chocado com as notícias que recebera pela manhã. Tentando verificar o que havia acontecido, ele ligou para Susan Patterson.

Susan também havia lido os jornais e estava preocupada com a validade dos fundos que Peter lhe pagara. Ela contou a Charles que tinha o direito de revogar sua decisão e anular o contrato dentro de 30 dias. Felizmente, o período de 30 dias ainda não havia chegado ao fim e eles decidiram que seria melhor para todos os envolvidos se ela recuperasse suas ações.

Susan e Charles conversaram sobre recontratar Brian para liderar o XCorp. Eles convocaram uma reunião emergencial do conselho de administração e o conselho votou unanimemente para recontratar Brian.

Quando Charles ligou para a casa de Brian, quem atendeu foi a secretária eletrônica. Apesar de deixar duas mensagens, Brian não retornou suas ligações. O celular dele também parecia desligado. Então, Charles enviou um e-mail a Brian com um convite para voltar ao XCorp.

* * *

Brian voltou das férias relaxado e cheio de energia. Ele passara a viagem toda com o celular desligado e sem checar os e-mails. Ele havia passado um bom tempo refletindo sobre sua vida e tomara algumas decisões. Ele decidiu que levaria uma vida mais equilibrada, dedicando bastante tempo à família e à própria saúde física e espiritual. Ele passara vários anos poupando e investindo dinheiro suficiente para conquistar independência financeira. Nessa situação privilegiada, ele podia se dar o luxo de escolher um projeto significativo para dedicar tempo e energia.

Brian se pôs a verificar seus e-mails e ficou sabendo o que acontecera no XCorp. Finalmente, ele chegou ao e-mail contendo o convite de retomar seu cargo anterior.

"De jeito nenhum", disse ele em voz alta. "Não vou voltar."

E respondeu imediatamente: "Agradeço ao conselho pela oferta, mas não vou aceitá-la."

Charles recebeu a mensagem e não pôde acreditar. Ele convocou uma reunião de emergência do conselho de administração e os convenceu a fazer uma oferta praticamente irrecusável a Brian, inclusive ações suficientes para garantir a Brian e sua equipe de liderança forte presença no conselho. Charles enviou a nova oferta a Brian.

Brian se sentiu lisonjeado ao receber uma oferta que superava tudo com que ele poderia sonhar. Isso demonstrava a confiança do conselho nele. Ele contou a Jennifer, que insistiu para que o marido aceitasse.

Brian voltou ao computador e escreveu uma mensagem a Charles. "Obrigado pela generosa oferta. É difícil recusar, mas tenho outros planos."

Brian deixou a mensagem na espera e, antes de antes de enviá-la, pôs-se a ler um e-mail de um de seus amigos. Ele pensou que seria melhor atenuar um pouco o tom de sua mensagem ao conselho de administração. Ele procurou a mensagem na espera para editá-la, mas o e-mail não estava lá. Ele verificou a lista das mensagens enviadas. Também não estava lá. "O que aconteceu?", perguntou-se ele. "Será que cliquei no botão errado e apaguei a mensagem?"

Brian começou a redigir um novo e-mail a Charles quando ouviu um som alertando que uma mensagem havia chegado.

Ele abriu o e-mail. Era do Infoman e dizia: "Brian, seu trabalho no XCorp Group ainda não está terminado."

Brian ficou feliz de ter notícias do Infoman. "Ele sabe o que estou passando", pensou ele.

Mais e-mails foram chegando e Brian decidiu esperar e trabalhar mais tarde em sua mensagem recusando a oferta.

"Talvez fosse melhor eu esperar alguns dias enquanto decido o que fazer", pensou ele.

Brian releu a mensagem do Infoman e respondeu: "O que quer dizer com 'meu trabalho ainda não está terminado'?"

"Vamos nos encontrar para conversar", foi a resposta do Infoman.

"Seria ótimo", respondeu Brian. "Por que você não vem nos visitar aqui em casa? Eu adoraria apresentá-lo à minha família."

CAPÍTULO 16

ALINHAMENTO TOTAL

Uma semana mais tarde, o Infoman estacionou o carro alugado na frente da casa de Brian. Brian o recebeu e o apresentou a Jennifer e a seus três filhos, Greg, Tania e Phil. A família de Brian estava animada para conhecer o homem misterioso do qual tinham tanto ouvido falar ao longo dos anos.

Durante o jantar, o Infoman pareceu bem à vontade e muito interessado em conversar com todos os membros da família. Ele e Jennifer falaram sobre a viagem à Espanha e sobre suas impressões em relação à cultura espanhola. Ele ficou particularmente impressionado quando Tania, de 8 anos, contou que queria ser zoóloga. Era raro ver uma criança da idade dela com tanta vivacidade e paixão por mudar o mundo. Phil, o filho do meio de Brian, era um garoto sério que adorava livros e música. O Infoman também gostou muito de Greg, de 16 anos, o filho mais velho e o cérebro técnico da família.

Depois do jantar, Brian e o Infoman foram conversar no escritório. Depois que se sentaram em poltronas confortáveis perto da lareira, Brian contou tudo o que se passara no último mês.

Ele discorreu sobre algumas ideias que tivera na Espanha e falou de seus planos de fazer uma grande diferença no mundo e passar mais tempo com os filhos. O Infoman ouviu com interesse e perguntou: "O que você pretende fazer agora?"

"Não vou voltar ao meu antigo cargo", Brian respondeu. "Quero mudar meu estilo de vida."

"Aplaudo sua decisão de redirecionar sua vida", disse o Infoman, "mas será que você realmente concluiu seu trabalho no XCorp Group?".

"Acho que sim. Você não acha?"

"Você realizou muito, mas ainda não atingiu o Alinhamento Total."

"Como assim?", quis saber Brian.

"Sei que você quer fazer a diferença", prosseguiu o Infoman. "Muitos executivos de sucesso retribuem à sociedade. Eles doam parte de sua riqueza a causas dignas, ao mesmo tempo que mantêm o controle de alguns de seus negócios mais lucrativos. Doar a causas nobres é um gesto louvável, mas estou falando de algo mais."

"Estou ouvindo", Brian estimulou o Infoman a esclarecer o que queria dizer.

"O Alinhamento Total implica uma coerência mais estreita com os valores. Implica fazer uma contribuição positiva à comunidade local, nacional e mundial."

"Alguns líderes ao longo da história alinharam suas organizações para concretizar sua visão, mas suas contribuições à prosperidade humana foram, em grande parte, negativas. Muitos líderes de negócio, inclusive em nosso próprio país, acumularam uma grande riqueza, mas não agregaram nada à prosperidade humana."

"Não sugiro que o XCorp Group não esteja dando contribuições positivas à sociedade. Na verdade, sua empresa está melhorando a qualidade de vida de milhões de pessoas. Muitos dos produtos que vocês produzem satisfazem necessidades básicas de pessoas em todo o planeta. Muitos contribuem para o avanço da ciência. Mas nenhuma tentativa consciente foi feita no XCorp Group para garantir que a empresa em si se conscientize seriamente de seus valores."

"O que você quer dizer com isso?", indagou Brian.

Alinhamento total

"Você poderia começar respondendo a algumas questões como: O XCorp Group está produzindo itens que, embora lucrativos, podem ser prejudiciais à saúde ou ao ambiente? Alguma das empresas do XCorp Group excede os limites de carbono permitidos? As empresas empregam métodos publicitários que representam enganosamente seus produtos, iludem os clientes ou humilham os concorrentes? As empresas têm políticas trabalhistas que causam privações às famílias? As fábricas localizadas em alguns países se aproveitam do desespero das pessoas, dispostas a trabalhar por qualquer salário? Essas são algumas das questões que devem ser respondidas e alguns dos problemas que precisam ser resolvidos para se atingir o Alinhamento Total." Brian ficou profundamente afetado ao ouvir tudo aquilo. As questões levantadas pelo Infoman complementavam muitas outras perguntas a que ele tentara responder no período de reflexão na Espanha. Ele não tinha todas as respostas, mas sabia que, em alguns casos, as respostas não eram positivas.

"Seu desafio poderia ser atingir o Alinhamento Total, ao mesmo tempo que sustenta a vantagem financeira e operacional do XCorp. É uma tarefa difícil que requer redirecionamento e novo foco. Ela pode implicar a descontinuidade de alguns produtos, políticas ou procedimentos que se revelarem prejudiciais. Pode implicar na reelaboração de processos e políticas. Trata-se de uma meta possível que pode ser atingida no longo prazo."

O Infoman concluiu: "Seu trabalho ainda não está concluído."

Brian ficou em silêncio, absorvendo as palavras do Infoman. Ele se sentiu inspirado com o desafio. Ele estava descobrindo uma nova missão na vida, uma missão não apenas desafiadora, mas merecedora de seu empenho.

O Infoman abriu sua pasta e tirou um livreto intitulado *Prosperity of Humankind*. Ele a entregou a Brian dizendo: "Isso pode lhe dar algumas ideias para refletir."

Brian pegou o livreto, deu uma rápida passada de olhos e viu que continha princípios que confirmavam a perspectiva do Infoman. Ele agradeceu e o guardou para uma leitura aprofundada.

A mensagem do Infoman era clara. Ele dera a Brian o que pensar e o encorajou a aceitar a oferta do conselho de administração do XCorp. Ele olhou de relance para o relógio e anunciou que estava na hora de partir. Ele se despediu de Brian e de sua família e saiu da residência dos Scott.

Brian pensou no desafio proposto pelo Infoman e em como isso poderia afetar seu futuro. Ele pensou nos sacrifícios que teria de fazer se continuasse trabalhando. Ele passou a noite inteira lutando com pensamentos conflitantes. De manhã cedo, ele se sentou ao computador e escreveu: "É com grande satisfação que aceito a oferta do conselho. Mas eu tenho uma condição. O conselho de administração deve estar preparado para aceitar algumas possíveis perdas de lucratividade no curto prazo que podem resultar das mudanças que pretendo promover."

Depois de enviar o e-mail, Brian foi para a cama e caiu no sono. Ele se levantou por volta das 10 horas e ligou para Jennifer, no trabalho.

"Jen, decidi voltar ao meu emprego no XCorp Group com uma condição. Eu conto depois. Estou esperando a resposta do conselho."

Jennifer ficou feliz com a notícia. Ela também sentia que Brian ainda tinha muito a oferecer ao mundo corporativo e ficou grata pela influência do Infoman.

"Querido, estou tão empolgada com sua decisão!"

Naquela noite, Brian recebeu uma resposta de Charles afirmando que o conselho de administração concordava com a condição. Brian ficou nas nuvens. Ele contou a boa notícia à família.

Na segunda-feira de manhã, Brian cobriu seus filhos de atenção no café da manhã. Ele pediu que a esposa lhe desse uma carona para o trabalho, já que o escritório dela não ficava longe do prédio do XCorp. Ele usou o tempo do trajeto para conversarem sobre o que ele faria em seu primeiro dia de volta ao XCorp. Também conversaram sobre os planos de Jennifer para aquele dia e ele percebeu que, no passado, nunca se interessara muito pela carreira dela. Ela era gerente de marketing de uma empresa de design de roupas e estava prestes a ser promovida.

Jennifer ficou comovida com as tentativas de Brian de reconhecer seu empenho no trabalho e sorriu enquanto pensava: "Ser demitido foi a melhor coisa que podia ter acontecido a Brian e à nossa família."

Brian pediu que Jennifer o deixasse na esquina, a uma quadra da gigantesca entrada do XCorp. Ele queria usufruir a breve caminhada pela rua até o prédio do Grupo. Ao se aproximar do prédio, ele viu uma grande multidão de funcionários da XCorp esperando para recebê-lo e uma faixa pairando sobre a entrada com os dizeres: "*BEM-VINDO DE VOLTA, SENHOR BRIAN SCOTT!*" Ele acenou para a multidão e se aproximou do prédio com grande alegria. Ele estava exultante, sabendo que tinha uma nova missão pela frente. Ele entrou no prédio e deu início a um novo capítulo de sua vida e do XCorp Group.

SOBRE AS EDIÇÕES ANTERIORES DE ALINHAMENTO TOTAL

"Riaz Khadem repetiu a façanha. Seu novo livro, *Alinhamento Total*, conduz sua incrível técnica da *Gerência de uma página* a um nível ainda mais elevado. Ele é um guia para avançar qualquer equipe organizacional na direção de um bem maior."

KEN BLANCHARD, coautor de *O gerente minuto*® e *O empreendedor minuto*™.

"*Alinhamento Total* é uma ferramenta incrível que nos leva a um patamar completamente novo de eficiência. Sua abordagem inigualável de se concentrar em pessoas e comportamentos tem aumentado a capacidade da gestão e da liderança em todos os níveis de nossa organização. Com o *Alinhamento Total*, podemos obter resultados de curto prazo sem sacrificar o longo prazo."

MÁRIO ANTÔNIO PORTO FONSECA, CEO, Soluções Usiminas, Brasil.

"Pela primeira vez, temos um livro que reúne tudo. Processos gerenciais que sempre foram isolados passaram a ser alinhados e integrados."

HECTOR RANGEL, presidente do conselho do grupo financeiro BBVA-Bancomer, México.

"Com ideias e conceitos inovadores, *Alinhamento Total* ensina como a gestão pode tornar-se mais eficaz e mais simplificada ao mesmo tempo – dois fatores importantíssimos em nosso ambiente atual."

JOSÉ ANTONIO FERNÁNDEZ, CEO, FEMSA Group, México.

"Adorei ler este livro, especialmente os conceitos do alinhamento das competências à prestação de contas e comportamentos com padrões éticos. Fiquei ainda mais impressionado com o conceito aprofundado do alinhamento apresentado no último capítulo."

EUGENIO CLARIOND, CEO, IMSA Group, México.

"Se os conceitos do *Alinhamento Total* forem sistematicamente implementados, seria difícil *não* ter uma organização de sucesso."

BENIGNO LOPEZ, CEO, Softtek, USA.

"Um grande método passo a passo que possibilitou que nossa empresa estendesse o modelo de negócios..."

DANIEL SERVITJE, CEO Bimbo Group, México.

"Os conceitos deste livro o ajudarão a unir toda a sua organização com vistas à mesma meta e assegurarão seu sucesso."

RODRIGO CORDOBA, CEO, Carvajal, México.

"O *Alinhamento Total* é uma inovadora abordagem de gestão para transformar sua visão e estratégia em realidade. Implementar os conceitos apresentados neste livro fará toda a diferença entre desenvolver seus pontos fortes e ser apenas mais uma empresa lutando para manter as portas abertas."

JORGE BALLESTEROS, CEO, Grupo Mexicano de Desarrollo (GMD), México.

"Leitura obrigatória para executivos e profissionais de gestão de mudanças, recomendo *Alinhamento Total* para organizações que almejam ser empresas de classe mundial. O livro apresenta insights e passos práticos para concretizar sua visão."

RANDA A. WILBUR, vice-presidente, Organização Global de Desenvolvimento e Treinamento, ACNielsen, EUA.

"As ideias apresentadas em *Alinhamento Total* são inovadoras e, ao mesmo tempo, imbuídas de sabedoria perene. A narrativa do livro se desenrola em um ritmo bastante rápido e cobre de tudo, incluindo estratégia, administração de performance, remuneração e recompensas."

DAVE FALK, diretor operacional, Avery Dennison Corporation, Divisão de Fitas Especiais, EUA.

"O timing é perfeito. *Alinhamento Total* mostra como unificar e alinhar processos gerenciais e o ajudará a construir uma organização capaz de ter sucesso até em períodos turbulentos."

PAUL OTRADEVEC, gerente de área, Bellsouth Corporation, EUA.

"Gostei muito de ler este livro e fiquei particularmente impressionada com os conceitos do coaching alinhado e do alinhamento de competências e comportamentos. Que excelente maneira de, ao mesmo tempo, dar e receber o encorajamento e o apoio necessários para o sucesso de cada colaborador!"

ELIZABETH TABOR, sócia-diretora, Escritório de Atlanta, Cherry, Bekaert & Holland, EUA.

"Excelente contribuição! *Alinhamento Total* é uma daquelas obras raras, de leitura fácil e divertida. Uma ferramenta extremamente robusta e amigável para envolver sua equipe na concretização de sua visão."

EDUARDO SAIZ, membro do conselho de administração, MABE, México.

"Das centenas de livros sobre melhoria da performance, este é um verdadeiro tesouro. O livro proporciona aos gestores ferramentas práticas e um novo modelo para começar a melhorar a organização hoje mesmo!"

JULIAN SERRANO, vice-presidente de operações, Cerveceria Cuauhtémoc Moctezuma, México.

"Este livro questiona muitas práticas de gestão com argumentos convincentes. Deveria ser leitura obrigatória para todos os gestores."

JAVIER FERNÁNDEZ, membro do conselho de administração, Cintra, México.

"Graças à metodologia do Alinhamento Total e ao TOPS, conseguimos atingir um de nossos objetivos mais ambicionados: conquistar o Prêmio Nacional de Tecnologia. Parabéns pelo excelente livro."

ALEJANDRO ACOSTA, CEO Comnet, México.

SOBRE AS EDIÇÕES ANTERIORES DE GERÊNCIA DE UMA PÁGINA
(O LIVRO QUE ANTECEDE ALINHAMENTO TOTAL)

"Um sistema de gestão que inclui tudo: foco, prestação de contas, responsabilidade, motivação e sustentabilidade."

KENNETH H. BLANCHARD, coautor de *O gerente minuto* e *O empreendedor*

"Um verdadeiro marco no campo das informações. Esse sistema pode ter um profundo efeito sobre o modo como pretendemos remodelar nossa empresa."

W.M. SELF, presidente, Greenwood Mills, Inc., EUA

"*Gerência de uma página* combina a maior facilidade de leitura com o maior valor que já vi em qualquer outro livro."

ALAN MCMILLAN, vice-presidente executivo, Coopervision, Inc., EUA

"Sem dúvida, um livro sobre o futuro dos sistemas de gestão."

R. GARWOOD, presidente do conselho, Força-tarefa da BCD Culture da Eastman Kodak, EUA

"Simples, claro e útil, *Gerência de uma página* cumpre o que promete e muito mais."

J. A. LAVERGOOD, presidente, Scientific Atlanta, EUA

"Fiquei tão empolgado com *Gerência de uma página* que passei uma boa parte de minhas férias lendo-o três vezes."

DENNIS SCHOLL, presidente, Signal Capital Corporation, EUA

"*Gerência de uma página* revolucionou as comunicações entre as equipes e entre as pessoas de nossa empresa, tanto vertical quanto horizontalmente."

JOSÉ ANTONIO FERNANDEZ, CEO, Grupo Femsa, México

"*Gerência de uma página* elimina todo o mistério da gestão e mostra como as informações podem atuar como um guia norteador para o gestor."

R. J. RUTLAND, PRESIDENTE, The Motor Convoy, Inc., EUA

"*Gerência de uma página* é exatamente o que eu estava esperando para nosso setor."

ROBERT M. ANDERSON, presidente, Anderson & Anderson Insurance Brokers, Inc., EUA

"A história é típica do que acontece nas empresas. Você fica tão envolvido na leitura que mal percebe que também está aprendendo ao longo do caminho."

BOB BISHOP, PRESIDENTE, United Technologies, Essex Group, Divisão MWI., EUA

Edições anteriores

"Menos relatórios resultantes de um conceito claro do que realmente importa: útil em qualquer nível de gestão. O sistema pode ser implementado tanto por MBAs da Harvard quanto por pessoas sem nenhuma formação superior."

RICHARD WEITZEL, vice-presidente, Pagemart Wireless Dallas, Texas, EUA

"A teoria, as ideias e as técnicas apresentadas em *Gerência de uma página* são extremamente úteis em manter focada uma organização complexa que requer velocidade e inovação para ter sucesso."

TOM MUCCIO, vice-presidente, Proctor & Gamble Co., EUA

"Tenho usado *Gerência de uma página* na última década para ajudar as pessoas a compreender a distinção entre dados e informações."

GLEN MOORE, CEO, Spectran, EUA

"*Gerência de uma página* é fundamental para completar o quebra-cabeça, apresentando as ideias necessárias para orientar o crescimento explosivo possibilitado por *A meta*, *O gerente minuto*, *Prosperando no caos* e os ensinamentos de Deming e Crosby."

SAMUEL CRAMER, presidente, Aluminum Ladder Co., EUA

"*Gerência de uma página* o impede de ficar atolado em um pântano de dados e o ajuda a manter em vista o que realmente importa."

BRADY JUSTICE, Jr., presidente, Basic American Metal, Inc., EUA

"Ainda acredito que tanto a versão antiga quanto a nova de *Gerência de uma página* são espetaculares. Os princípios e conceitos que os fundamentam são atemporais."

GARY STACK, presidente do conselho e CEO, Orlando Regional Healthcare, EUA

AGRADECIMENTOS

Os conceitos e metodologias do Alinhamento Total evoluíram no decorrer dos 15 últimos anos durante as implementações em campo. Tivemos o privilégio de trabalhar com organizações espetaculares e grandes líderes. Apesar de todas as organizações terem necessidades singulares, a necessidade de alinhamento é comum a todas. Nosso sistema foi muito melhorado com as opiniões e sugestões que recebemos de nossos clientes.

Gostaríamos de agradecer, em especial, ao magnífico trabalho de nosso filho, Nasr Khadem, que dirige implementações do Alinhamento Total no mundo todo. Seu brilhantismo, dedicação e atenção às necessidades das nossos clientes são responsáveis, em grande parte, pela excelente qualidade das implementações do sistema do Alinhamento Total.

Também somos gratos ao trabalho de altíssima qualidade de nosso colega Ingmar Groppe. Com sua mente analítica aguçada e grande atenção aos detalhes, tem contribuído enormemente para a qualidade do nosso trabalho e de nosso software.

Também gostaríamos de agradecer ao nosso querido amigo Sergio Lujambio, cuja incrível compreensão dos conceitos e implacável compromisso com o Alinhamento Total têm sido enorme fonte de encorajamento e inspiração para nossa equipe.

Também gostaríamos de reconhecer nossos colaboradores na Espanha, em especial Sergio Ona, que permanece como um membro importantíssimo da equipe da Infotrac. Devemos nossa gratidão a Vicki e Suzanna, pelo maravilhoso trabalho que realizamos juntos em seu belo país. É com grande afeição e respeito que nos lembramos de nosso querido amigo Ramon.

Gostaríamos de deixar nossos agradecimentos especiais a dois colegas já falecidos, pelas contribuições individuais de ambos, bem como por sua grande crença em nossos processos: Ismael Cordero, que foi um colega e consultor espetacular, e Miguel Pinto, que atuou como gerente de projeto interno de nossa implementação no Grupo Bimbo.

SERVIÇOS DISPONÍVEIS PARA A IMPLEMENTAÇÃO DO ALINHAMENTO TOTAL

Uma variedade de serviços e produtos para ajudar as organizações a implementarem o Alinhamento Total está disponível por meio de nossas divisões de consultoria e software.

Infotrac, Inc. Atlanta, Georgia, EUA
(404) 843-2589
infotrac@infotrac.com

Visite nosso site
www.totalalignment.com

*Para um exemplar do livreto *Prosperity of Humankind*, entre em contato conosco pelo e-mail infotrac@infotrac.com

SOBRE OS AUTORES

RIAZ KHADEM é presidente da Infotrac, Inc., uma empresa norte-americana sediada em Atlanta, Georgia, e especializada no Alinhamento Total.

O Dr. Khadem é expert em implementação de estratégias, administração de performance, liderança e transformação cultural. Atuou como consultor em importantes empresas nos Estados Unidos, Reino Unido, Alemanha, Áustria, México e Brasil. Uma lista parcial de clientes a que ele prestou consultoria inclui Eastman Kodak, Bellsouth, Bank of America, Avery Dennison, GE Capital Mortgage, British Home Stores, Mothercare, Volksfursorge, Hippo Bank, Coca-Cola Femsa, Bimbo e Soluções Usiminas.

O Dr. Khadem deu palestras para milhares de gestores ao redor do mundo e é mencionado em mídias expressivas nos Estados Unidos, Reino Unido, Espanha, Colômbia e México. É coautor de *Gerência de uma página* e implementou os conceitos do livro nos setores de manufatura, transportes, seguros, bancos e varejo. Estudou na University of Illinois, Harvard e Oxford, e é doutor em matemática aplicada pela Faculdade Balliol, de Oxford. Atuou em posições acadêmicas nas universidades de Southampton, Northwestern e Laval.

LINDA J. KHADEM é vice-presidente da Infotrac, Inc., empresa norte-americana sediada em Atlanta, Georgia, e especializada no Alinhamento Total.

Linda Khadem é advogada e atua como diretora jurídico-corporativa da Infotrac. Também é escritora e foi responsável por grandes contribuições no desenvolvimento dos conceitos e da metodologia do Alinhamento Total. Linda foi particularmente providencial na evolução do Alinhamento Total a partir dos processos da Gerência de uma página.

Linda Khadem estudou na University of Illinois e Emory, nos Estados Unidos, na University of Southampton, no Reino Unido, e na McGill University, no Canadá. É bacharel em sociologia pela University of Illinois e doutora em jurisprudência (J.D.) pela Emory University, em Atlanta, Georgia.

Este livro foi impresso nas oficinas gráficas da Editora Vozes Ltda.,
Rua Frei Luís, 100 – Petrópolis, RJ.